DEUTSCHES INSTITUT FÜR WIRTSCHAFTSFORSCHUNG

BEITRÄGE ZUR STRUKTURFORSCHUNG   HEFT 125 · 1992

Klaus-Peter Gaulke, Hans Heuer

Unternehmerische Standortwahl und Investitionshemmnisse in den neuen Bundesländern

Fallbeispiele aus sechs Städten

DUNCKER & HUMBLOT · BERLIN

Verzeichnis der Mitarbeiter

Wissenschaftliche Mitarbeiter

Klaus-Peter Gaulke

Hans Heuer (Projektleitung)

Textverarbeitung

Roswitha Richter

Simone Riedel

Diese Veröffentlichung beruht auf einem Forschungsauftrag
des Bundesministers für Raumordnung, Bauwesen und Städtebau
mit dem Titel
,,Erwartungen und Anforderungen von Unternehmen an städtebauliche Voraussetzungen
in der ehemaligen DDR''.

Herausgeber: Deutsches Institut für Wirtschaftsforschung, Königin-Luise-Str. 5, D-1000 Berlin 33
Telefon (0 30) 82 99 10 — Telefax (0 30) 82 99 12 00
Schriftleitung: Prof. Dr. Wolfgang Kirner
Verlag: Duncker & Humblot GmbH, Dietrich-Schäfer-Weg 9, D-1000 Berlin 41. Alle Rechte vorbehalten
Druck: 1992 bei ZIPPEL-Druck, Oranienburger Str. 170, D-1000 Berlin 26
Printed in Germany
ISBN 3-428-07331-2

Inhaltsverzeichnis

Verzeichnis der Tabellen im Text 5
Verzeichnis der Tabellen im Anhang 6

Vorwort 7

Kurzfassung 9

1 Untersuchungsauftrag 15
   1.1 Untersuchungsziel und Forschungsfragen 15
   1.2 Methodische Vorgehensweise 16
   1.3 Probleme bei der Durchführung des Forschungsauftrages 17

2 Städteprofile 18
   2.1 Vorbemerkung 18
   2.2 Zusammenfassende Charakterisierung der untersuchten Städte ... 18
      2.2.1 Bevölkerungsstruktur 18
      2.2.2 Wirtschaftsstruktur 21
      2.2.3 Städtebauliche Struktur 22
      2.2.4 Politisch-administrative Struktur 25
      2.2.5 Fazit 25

3 Ergebnisse der Fallstudien 27
   3.1 Analyse der Standortnachfragen 27
      3.1.1 Art und Umfang der "Offerten" westlicher Investoren ... 27
      3.1.2 Standortanforderungen der Investoren 33
      3.1.3 Stand der Bearbeitung von Standortanfragen in den Städten ... 38
      3.1.4 Kritische Bewertung der Standortanfragen 42
   3.2 Analyse der Angebotssituation 45
      3.2.1 Art und Umfang der Flächenangebote in den Städten 45
      3.2.2 Maßnahmen zur Angebotsanpassung 48

		3.2.2.1	Bauleitplanung	48
			Schwerin	49
			Parchim	50
			Potsdam	51
			Brandenburg/Havel	52
			Dresden	53
			Riesa	54
		3.2.2.2	Baulückenschließung	54
		3.2.2.3	Sonstige Maßnahmen	57
	3.2.3	Kritische Bewertung der Angebotssituation und der Maßnahmen zur Angebotsanpassung		58
3.3	Investitionshemmnisse			61
	3.3.1	Vorbemerkung		61
	3.3.2	Eigentumsproblematik		62
	3.3.3	Unzureichendes Flächenangebot		65
	3.3.4	Fehlende Stadtentwicklungsplanung		66
	3.3.5	Mängel in der Verwaltungsorganisation		67
	3.3.6	Unsicherheit in Politik und Verwaltung		70

4 Schlußfolgerungen und Empfehlungen ... 73

    4.1 Zusammenfassung der Ergebnisse ... 73

    4.2 Empfehlungen ... 76

Verzeichnis der Quellen ... 83

Anhang 1: Tabellen ... 85

Anhang 2: Erhebungsmerkmale für ein Gewerbeflächenkataster ... 97

Anhang 3: Fragebogen zu Investitionen westdeutscher Investoren in ostdeutschen Bundesländern ... 101

Verzeichnis der Tabellen im Text

Tabelle 1	Süd-Nord-Gefälle der Industrialisierung in der ehemaligen DDR am 31.12.1987	19
Tabelle 2	Fläche, Wohnbevölkerung, Bevölkerungsdichte in ausgewählten Städten und Regionen Ostdeutschlands am 31.12.1989	20
Tabelle 3	Kennziffern für den Industriebereich in den Fallstudienstädten am 31.12.1987	23
Tabelle 4	Struktur der Standortanfragen von Investoren in Potsdam im Juni 1990	30
Tabelle 5	Raumordnungsverfahren im Bezirk Potsdam im September 1990	32
Tabelle 6	Struktur der Standortanfragen von Investoren in Potsdam am 12.12.1990	34
Tabelle 7	Standortwünsche ostdeutscher Firmen in Schwerin im Januar 1991	39
Tabelle 8	Verfügbarkeit gewerblicher Bauflächen im Umland von Berlin am Jahresanfang 1990	46

Verzeichnis der Tabellen im Anhang

Tabelle A 1   Anteile der Wohnbevölkerung nach erwerbstätigkeitsrelevantem Alter in ausgewählten Städten und Regionen Ostdeutschlands am 31.12.1989 87

Tabelle A 2   Berufstätige (ohne Lehrlinge) nach Wirtschaftsbereichen in ausgewählten Städten und Regionen Ostdeutschlands am 30.09.1989 88

Tabelle A 3   Struktur der Berufstätigen (ohne Lehrlinge) nach Wirtschaftsbereichen in ausgewählten Städten und Regionen Ostdeutschlands am 30.09.1989 89

Tabelle A 4   Struktur der Beschäftigten nach Qualifikationsstufen in der volkseigenen und genossenschaftlichen Wirtschaft (ohne Produktionsgenossenschaften des Handwerks) in ausgewählten Städten und Regionen Ostdeutschlands Ende Oktober 1989 - Männer und Frauen zusammen 90

Tabelle A 5   Struktur der Beschäftigten nach Qualifikationsstufen in der volkseigenen und genossenschaftlichen Wirtschaft (ohne Produktionsgenossenschaften des Handwerks) in ausgewählten Städten und Regionen Ostdeutschlands Ende Oktober 1989 - Männer 91

Tabelle A 6   Struktur der Beschäftigten nach Qualifikationsstufen in der volkseigenen und genossenschaftlichen Wirtschaft (ohne Produktionsgenossenschaften des Handwerks) in ausgewählten Städten und Regionen Ostdeutschlands Ende Oktober 1989 - Frauen 92

Tabelle A 7   Zahl der Wohnungen, ihre Ausstattungsstruktur sowie Wohnfläche und Wohnräume je Einwohner in ausgewählten Städten und Regionen Ostdeutschlands im Jahre 1989 93

Tabelle A 8   Bildungseinrichtungen in ausgewählten Städten und Regionen Ostdeutschlands im Jahre 1989 94

Tabelle A 9   Ergebnisse der Kommunalwahlen am 06. Mai 1990 sowie der Landtagswahlen am 14. Oktober 1990 in ausgewählten Städten und Regionen Ostdeutschlands 95

Vorwort

Der Bundesminister für Raumordnung, Bauwesen und Städtebau beauftragte im August 1990 das DIW mit der Durchführung einer Untersuchung über die "Erwartungen und Anforderungen von Unternehmen an städtebauliche Voraussetzungen in der DDR". Hintergrund dieses Auftrages war die Beobachtung, daß eine Vielzahl westdeutscher und westlicher Investoren in Vorbereitung auf die Herstellung der staatlichen Einheit Deutschlands begonnen hatte, im Gebiet der heutigen neuen Bundesländer nach Standorten für Industrie-, Gewerbe-, Handels- oder Dienstleistungsunternehmen zu suchen. Da es in der DDR an regionalplanerischen und bauleitplanerischen Steuerungsinstrumenten ebenso fehlte wie an klaren politischen Zielvorgaben für die Entwicklung neuer Gewerbebereiche, bestand die Befürchtung, daß es in den Städten und Gemeinden der DDR angesichts der die Stadtplanung möglicherweise dominierenden ökonomischen Zwänge zu einer ungeordneten räumlichen Entwicklung, zur Zersiedlung der Städte und zur Beeinträchtigung noch vorhandener städtebaulicher Strukturen kommen könnte.

Vor diesem Erwartungshintergrund bestand die Aufgabe der durchgeführten Untersuchung darin, eine Einschätzung der Anforderungen westlicher Investoren an gewerbliche Standorte in der DDR vorzunehmen und die mit solchen Standortwünschen verknüpften Reaktionsmuster und Verhaltensweisen der kommunalen Akteure zu untersuchen. Das Forschungsvorhaben wurde im Frühjahr 1991 abgeschlossen. Zu diesem Zeitpunkt gab es in den untersuchten Städten der neuen Bundesländer eine erhebliche Anzahl von Investoren auf der Suche nach geeigneten Standorten, die indessen mit einer Vielzahl von Investitionshemmnissen konfrontiert wurden. Dazu zählten vor allem die vielen Rückübertragungsansprüche bei Grundstücken und Gebäuden, der Mangel an disponiblen Flächen aufgrund fehlender Planungsvorgaben und die noch im Aufbau befindlichen Kommunalverwaltungen.

Bei Abschluß des Forschungsvorhabens im Frühjahr 1991 stellten die Untersuchungsergebnisse eine Art Momentaufnahme der aktuellen Probleme und Schwierigkeiten dar, vor die die Kommunen und Investoren bei der Vorbereitung und Realisierung von Investitions- und Standortentscheidungen in einer spezifischen Phase des Übergangs von der Plan- zur Marktwirtschaft standen. Inzwischen hat sich herausgestellt, daß zahlreiche Befunde auch im Herbst 1991 nach wie vor ihre Gültigkeit haben und daß die Untersuchungsergebnisse offenbar nicht nur eine Momentaufnahme aus sechs Städten darstellen, sondern einen längeren Anpassungsprozeß beschreiben, der für die Situation in vielen Städten und

Gemeinden der neuen Bundesländer typisch ist und dessen Problemdimensionen sich bisher vorwiegend graduell verändert haben.

Berlin, im November 1991

Kurzfassung

In sechs ausgewählten Städten der neuen Bundesländer wurden die quantitativen und qualitativen Anforderungen von westdeutschen und aus dem westlichen Ausland kommenden Investoren an Gewerbe- und an Dienstleistungsstandorte auf dem Gebiet der ehemaligen DDR einerseits sowie die Reaktionen der Kommunalverwaltungen darauf andererseits ermittelt. Die ausgewählten Städte sollten einen möglichst repräsentativen Überblick über das gesamte Beitrittsgebiet vermitteln. Es wurden daher sechs Städte ausgesucht, die nach Lage und Größe ein möglichst großes Spektrum der Verhältnisse dort abbilden. Diese Städte sind: Dresden, Riesa, Potsdam, Brandenburg/Havel, Schwerin und Parchim.

Vergleicht man diese Städte zunächst hinsichtlich ihres Profils, dann erscheint dort vieles relativ homogen, etwa die Bevölkerungsstrukturen, durch die Dominanz der Neubaugebiete auch weitgehend die Wohnstrukturen, sogar die politisch administrativen Strukturen wegen der durchweg "großen Koalitionen" - unter Ausgrenzung der PDS. Auffallende Unterschiede gibt es durch die Stadtgrößen hinsichtlich der Qualifikationsstrukturen - vor allem durch unterschiedliche Anteile von Hochschulabsolventen - und der Wirtschaftsstruktur - insbesondere durch unterschiedliche Industrie-Anteile.

Die Gespräche in den Städten über die Investitionsabsichten westlicher Unternehmen ergaben zunächst ein großes Interesse an Gewerbestandorten. In bezug auf die benötigten Flächen überstiegen die Anfragen die Realisierungsmöglichkeiten der Städte um ein Mehrfaches. Allerdings bezog sich der weitaus überwiegende Teil auf Gewerbeeinrichtungen für den Absatz von Gütern und auf Dienstleistungen aller Art. Anfragen zu Produktionsstandorten hingegen waren mit weniger als 10 vH deutlich unterrepräsentiert.

Westliche Unternehmen suchen in den Kommunen der ehemaligen DDR grundsätzlich "sichere" Standorte, deren planungsrechtliche und eigentumsrechtliche Gegebenheiten geklärt sind. Die Zahl solcher sicheren Standorte ist indessen insbesondere in den Innenstädten sehr niedrig, da es bislang weder städtebauliche Rahmenpläne und damit eindeutige Vorstellungen zur künftigen Nutzungsstruktur gibt, noch bei vielen Grundstücken und Betrieben die Eigentumsfrage hinlänglich geklärt ist.

Zwischen Handels- und Dienstleistungseinrichtungen gibt es einen intensiven Wettbewerb um attraktive Innenstadtstandorte. Angesichts der bestehenden Knappheit an disponiblen Flächen werden bisher keine übertriebenen Ansprüche an die infrastrukturelle Erschließung oder an das städtebauliche Umfeld gestellt. Es herrscht vielmehr der Eindruck vor, daß westliche Investoren im Falle der Bereitstellung eines Grundstücks die zur Realisierung des Investitionsvorhabens erforderlichen Infrastrukturarbeiten weitgehend miterledigen würden. Handelt es sich hinsichtlich Lage und Erreichbarkeit um gute Standorte, so spielt offenkundig weder die Gebäudesubstanz noch das städtebauliche Umfeld für die Standortentscheidung der Unternehmen eine bedeutende Rolle. Gegenüber den Handels- und Dienstleistungseinrichtungen sind die Kommunen deshalb in der günstigen Verhandlungsposition, bei der Standortvergabe ihre städtebaulichen Nutzungskonzepte - sofern es sie gibt - auch durchzusetzen.

Dienstleistungsunternehmen drängen grundsätzlich in die Innenstädte. In fast allen untersuchten Städten entstehen in diesem Zusammenhang Probleme mit dem Denkmalschutz. So ist der relativ kleine Grundrißzuschnitt der Altstadtgebäude in vielen Fällen aus der Sicht der interessierten Unternehmen ein erhebliches Hemmnis für die Durchführung der geplanten Investitionen. Zwar gibt es offenkundig genügend Investoren, die auch alte Gebäude modernisieren würden. Solche Vorhaben scheitern aber häufig entweder an der ungeklärten Eigentumsfrage oder an der Notwendigkeit, für die in den Gebäuden wohnenden Mieter im Falle einer gewerblichen Nutzung den meist nicht vorhandenen Ersatzwohnraum zu beschaffen.

Im Bereich des produzierenden Gewerbes suchen die Kommunen dringend nach Investoren. Da weniger als 10 vH aller Standortanfragen auf Industrie und produzierendes Handwerk entfallen, ist die Verhandlungsposition der Kommunen hier ungleich schlechter als bei Handels- und Dienstleistungseinrichtungen. Sofern die Bonität des Investors und die Strukturverträglichkeit der Investition aus der Sicht der Kommune außer Zweifel steht, ist die Neigung groß, den besonderen Ansprüchen des Investors, die sich vor allem auf die Größe der Fläche und den Preis beziehen, nachzukommen.

Das relativ geringe Interesse von Unternehmen des produzierenden Gewerbes dürfte nicht nur mit den längeren Planungsvorlaufzeiten für derartige Projekte, sondern auch mit den höheren Standortanforderungen zusammenhängen. Hervorzuheben sind hier zunächst die erforderlichen größeren Flächen und die damit verbundenen größeren Probleme mit ungeklärten Eigentumsverhältnissen, die oft auch durch die notwendige Koordinierung der Interessen mehrerer bereits feststehender oder möglicher Eigentümer zusätzlich kompliziert werden. Weiterhin sind die Anforderungen an die technische Infrastruktur bei Industriebetrieben sehr hoch. Fragen der Ent- und der Versorgung von und mit Wasser, aber auch der Versorgung mit Energie, scheinen deshalb von besonderer Bedeutung für Produktionsentscheidungen in der ehemaligen DDR zu sein. Hinzu kommt die Notwendigkeit des Ausbaus der Verkehrsinfrastruktur.

Eine Flächenangebotsplanung nach bundesdeutschem Recht gab es in der früheren DDR nicht. Damit fehlt es in den Städten durchweg an disponiblen Gewerbeflächen. Darüber hinaus sind die vorhandenen (bebauten und unbebauten) Gewerbeflächen bislang aber weitgehend noch nicht erfaßt worden. Bei fast allen Investitionsvorhaben fehlt der städtebauliche Vorlauf. Planungsvorgaben müssen erst noch von den Verwaltungen erarbeitet und im politischen Konsensbildungsprozeß beschlossen werden. Mit der Aufstellung von Stadtentwicklungsplänen sind aber sowohl die Politiker als auch die Verwaltungen zum gegenwärtigen Zeitpunkt offenkundig überfordert. Den Verwaltungen fehlen nicht nur planungserfahrene Mitarbeiter, sondern auch die finanziellen und technischen Mittel. Die Unzulänglichkeiten innerhalb der Verwaltungen werden durch Unsicherheiten auf der politischen Ebene ergänzt. Beides führt zu einem entscheidungshemmenden Klima, von dem alle Städte - mehr oder weniger - betroffen sind.

Für die Austragung von Zielkonflikten zwischen Wirtschaftsförderung, Stadtentwicklung und Denkmalpflege, die bei der Erarbeitung städtebaulicher Rahmenpläne zwangsläufig entstehen müssen, gibt es noch keine eingespielten Verfahrensabläufe. Die Besorgnis, unter dem Druck wirtschaftlicher Verhältnisse städtebauliche Grundsatzentscheidungen falsch zu treffen, verzögert den Entscheidungsprozeß. Diese Verzögerungen werden begünstigt durch die meist umfassend angelegten politischen Koalitionen in den Städten, die die Abstimmung und Überwindung von nicht nur fachlichen Differenzen, sondern auch von solchen grundsätzlich politischer Art erfordern.

Insgesamt ist die gegenwärtige Situation dadurch gekennzeichnet, daß die Realisierung von Investitionsvorhaben in den Städten nur sehr zögerlich vorankommt, weil

- städtebauliche Rahmenpläne noch nicht vorliegen,
- disponible Flächen den Kommunen kaum zur Verfügung stehen,

- das Gesetz über besondere Investitionsmaßnahmen von den Kommunen kaum angewendet wird und
- die spekulative Zurückhaltung von Grundstücken privater Eigentümer den Grundstücksmarkt verknappt und sich damit zusätzlich als Bremse für den wirtschaftlichen Aufschwung bemerkbar macht.

Die Kommunen der neuen Bundesländer befinden sich gegenwärtig in einem gravierenden Dilemma: Wegen der sich rapide verschlechternden Situation auf dem Arbeitsmarkt ist es die dringendste Aufgabe, arbeitsplatzschaffende Investitionen zu fördern. Dabei besteht die Gefahr, daß städtebauliche und ökologische Anforderungen - solange stadtplanerische Zielvorgaben noch nicht hinreichend formuliert sind - "auf der Strecke" bleiben könnten.

Die Analyse legt einige Empfehlungen für Maßnahmen nahe, die das Investitionsgeschehen in den neuen Bundesländern beschleunigen und damit zur Lösung der Arbeitsmarktprobleme beitragen können:

Grundsätzlich ist eine Intensivierung der Bauleitplanung und damit die Ausweisung von Gewerbeflächen dringend erforderlich. Da dies die eigenen Möglichkeiten der Kommunen derzeit noch weitgehend überfordert, sind hierzu organisatorische, finanzielle und personelle Hilfen aus den alten Bundesländern erforderlich. Im Rahmen einer mittelfristigen Strategie ist dabei ein Konzept für die künftige Stadtentwicklung zu erarbeiten, das Standorte für Arbeitsstättengebiete ebenso ausweist wie für Wohngebiete oder für großflächige Einzelhandelsbetriebe. Bestandteil eines solchen längerfristigen Nutzungskonzeptes, das die Grundlagen sowohl für die Aufstellung von Bebauungsplänen als auch für Bodenbevorratungsmaßnahmen und Infrastrukturinvestitionen ist, muß auch ein Gewerbeentwicklungskonzept sein. Da städtebauliche Anforderungen an Handel, Gewerbe und Industrie sich nur auf der Grundlage einer lokalen Bestandsaufnahme formulieren lassen, muß ein solches Gewerbeentwicklungskonzept sowohl eine Ist-Analyse der gegenwärtigen wirtschaftlichen Struktur als auch eine Vorstellung über die künftige räumliche Verteilung der gewerblichen Standorte, über die Art der gewerblichen Nutzung, über den zulässigen Störgrad usw. enthalten. Bestandteil eines solchen Entwicklungskonzeptes sind aber auch strategische Überlegungen zur künftigen Gewerbepolitik. Im Bereich von Gewerbe und Industrie betrifft dies vor allem vier Aspekte:

- Ausweisung, Erschließung und Aufsiedlung neuer Gewerbeflächen;
- Ermittlung der erforderlichen innerstädtischen Betriebsverlagerungen und Ausweisung alternativer Standorte;
- Entwicklung von Recycling-Konzepten mit dem Ziel der Wiedernutzung brachgefallener oder künftig brachfallender Gewerbeflächen;
- Sicherung von gewerblichen Standorten in sogenannten Gemengelagen.

Soweit Gewerbeflächen vorliegen, sollten von den Kommunen "Standortprofile" erstellt werden, die potentiellen Investoren Informationen über Größe, Baurecht, Erschließungsgrad, Verkehrsanbindung und Eigentumsverhältnisse vermitteln (kommunales Gewerbeflächenkataster). Ferner sollten Baulückenkataloge erstellt werden, weil in den Gebieten nach § 34 BauGB in der Regel eine schnellere Bebauung erfolgen kann. Hier müßten vor allem die Eigentumsverhältnisse transparent gemacht werden, um die Bebauungsfähigkeit einerseits oder den Umfang des Klärungsbedarfs dieser Fragen andererseits zu ermitteln.

Damit eine schnelle wirtschaftliche Tätigkeit ermöglicht werden kann, sollte zunächst weiterhin verstärkt von Interimslösungen Gebrauch gemacht werden, also etwa von der Aufstellung von Bürokontainern und Leichtbauhallen. Hierdurch wird vermieden, daß Aktivitäten durch ungelöste Eigentumsfragen mehr als nötig blockiert werden oder künftigen städtebaulichen Konzeptionen vorgegriffen wird.

Die Transparenz über Investorenanfragen ist zu erhöhen, damit über deren Nutzen für die Kommunen und deren Realisierungschancen effektiver als bisher entschieden werden kann. Es wird die Ausgabe von Fragebögen an Investoren empfohlen und ein konkreter Vorschlag für einen solchen Fragebogen gemacht.

Schließlich sollte die Zusammenarbeit der Kommunen mit der Treuhandanstalt weiter verbessert werden, um die strukturpolitischen Überlegungen der Kommunen mit den wirtschaftlichen Gesichtspunkten der Treuhandanstalt zu verknüpfen.

Für all diese Maßnahmen ist eine leistungsfähige Verwaltung Voraussetzung. Die Städte und Gemeinden brauchen nicht nur eine ausreichende Ausstattung mit Finanzen und technischer Infrastruktur; sie brauchen vor allem auch Planungskapazität. In den neuen Bundesländern besteht ein erheblicher Bedarf an kontinuierlicher, qualifizierter Beratung. Deshalb wäre nicht nur ein verstärktes Personalleasing westdeutscher Partnerstädte, sondern auch die Bereitstellung von Planungsmitteln im Rahmen einer grundsätzlich verbesserten kommunalen Finanzausstattung zu fordern, damit die Kommunen das ihnen fehlende Know-how für die Aufstellung von Stadtentwicklungsplänen, Flächennutzungs- und Bebauungsplänen bei privaten Beratungsbüros einkaufen können. Zu begrüßen sind die Bemühungen des Bundes und der Länder, die bereitgestellten Städtebauförderungsmittel auch für Planung und Planungsberatung einzusetzen. Auch die verstärkte Bereitstellung von Leihbeamten ist für den Aufbau funktionsfähiger Verwaltungen in den neuen Bundesländern unentbehrlich. Der Prozeß des Erlernens und Erfahrens von Verwaltungshandeln kann durch westliche Berater zwar nicht ersetzt, aber erleichtert und beschleunigt werden.

Insgesamt müssen die Arbeitsbedingungen in den Kommunalverwaltungen schnellstmöglich verbessert werden. Deshalb sollten Mittel sowohl für die Verbesserung der technischen Infrastruktur in den Verwaltungen bereitgestellt werden. Notwendig wäre auch eine Bereitstellung finanzieller Mittel zur schnellen und gezielten Schulung des Verwaltungspersonals. Zur Beschleunigung der Entscheidungsprozesse auf der politischen Ebene erscheint es nötig, auch das "politische Personal" weiter zu qualifizieren und für die neuen Fragen zu sensibilisieren. Auch hierfür sollten Mittel bereitgestellt werden, um Seminare und Schulungsveranstaltungen für Politiker - am besten vor Ort - durch einschlägige Beratungsinstitute zu ermöglichen.

Ein Kernproblem für die weitere Entwicklung der Städte und Gemeinden in den neuen Bundesländern ist letzten Endes die schnelle Klärung der offenen Vermögensfragen. Solange die Eigentumsfrage ungeklärt ist, kommen Kaufverträge nicht zustande, und auch die dingliche Sicherung von Darlehen ist nicht möglich. Dies behindert die zügige Realisierung von Investitionsvorhaben in entscheidendem Maße. Die Kommunen müssen wissen, unter welchen Voraussetzungen sie als gegenwärtig Verfügungsberechtigte rückübertragungsbefangene Grundstücke an Investoren veräußern können. Inwieweit die inzwischen beschlossenen Nachbesserungen zum Gesetz über besondere Investitionsmaßnahmen die bisherigen Probleme lösen, muß abgewartet werden.

1 Untersuchungsauftrag
1.1 Untersuchungsziel und Forschungsfragen

Ziel des durchgeführten Forschungsvorhabens war es, in Gesprächen mit den Kommunalverwaltungen ausgewählter Städte der damaligen DDR die im Herbst 1990 vorliegenden Standortanfragen bundesdeutscher und westlicher Firmen und ihre geplanten Investitionsvorhaben zu ermitteln und im Hinblick auf die Frage zu analysieren, welche Standorte westliche Investoren in der DDR suchen, welche spezifischen Anforderungen an den Standort und das Standortumfeld gestellt werden und in welcher Weise die Entscheidungsträger in der DDR auf solche Standortwünsche reagieren.

Die Analyse der Nachfragesituation bezog sich insbesondere auf folgende Fragen:

- Wieviele Standortanfragen westlicher Investoren liegen für das Gebiet der untersuchten Städte vor? Wie ist die Struktur dieser Anfragen (nach Wirtschaftszweigen)?

- Wieviele Anfragen sind von den Kommunen bearbeitet worden? In welchem Stadium der Konkretisierung befinden sich die Verhandlungen zwischen den Gemeinden und den Investoren?

- Welche Standorte werden von den potentiellen Investoren im einzelnen gesucht? Handelt es sich dabei eher um Standorte in vorhandenen Gewerbegebieten, in neu zu erschließenden Gebieten (auf der grünen Wiese) oder um Standorte in Innenstadtbezirken?

- Werden von den Investoren spezifische Anforderungen an den Standort gestellt? Gibt es hierbei Unterschiede zwischen den einzelnen Wirtschaftszweigen?

- Welche Faktoren führen - aus der Sicht der Unternehmen - zur Ablehnung von Standortangeboten?

Die Analyse der Angebotssituation ist von folgenden Forschungsfragen geleitet worden:

- Welches Flächenangebot in den Städten steht der Flächennachfrage gegenüber? Welche quantitativen oder qualitativen Defizite sind dabei erkennbar?

- Wie reagieren die Kommunen auf die Anfragen der westlichen Firmen? Nach welchen Kriterien werden die Entscheidungen in den Kommunalverwaltungen getroffen?

- Welche Maßnahmen werden unternommen, um das Flächenangebot den quantitativen und qualitativen Vorstellungen der Investoren anzupassen? Zielen die Maßnahmen der

Städte eher auf eine Lenkung der Nachfrage in die vorhandenen Strukturen (vorhandene Gewerbegebiete, Lückenbebauung) oder auf die Schaffung neuer gewerblicher Bereiche (in bisher nicht oder wenig bebauten Gebieten)?

- Betreiben die Kommunen unabhängig von den konkreten Investitionswünschen eine Standortvorsorge- und Angebotsplanung?
- Welche Hemmnisse stehen der Realisierung der geplanten Investitionen entgegen?

1.2 Methodische Vorgehensweise

Um innerhalb der vorgesehenen Projektbearbeitungszeit von sechs Monaten möglichst schnell verwertbare Ergebnisse vorzulegen, hat sich die Untersuchung auf insgesamt sechs Beispielstädte in den ehemaligen Bezirken Schwerin, Potsdam und Dresden konzentriert. Als Fallstudienstädte wurden die jeweiligen Hauptstädte der neuen Länder Mecklenburg-Vorpommern (Schwerin), Brandenburg (Potsdam) und Sachsen (Dresden) sowie drei weitere Städte in diesen Ländern (Parchim, Brandenburg, Riesa) ausgewählt.

In den Beispielstädten wurden mehrere Intensivinterviews in den bezirklichen Büros für Territorialplanung sowie in den Ämtern für Wirtschaftsförderung und Stadtplanung der Kommunen durchgeführt. Die auf der Verwaltungsebene erhaltenen Auskünfte wurden durch Auswertung von Gemeinderatsprotokollen, der Presseberichterstattung und der bei den Industrie- und Handelskammern vorliegenden Unternehmensinformationen ergänzt. Darüber hinaus bestand Gelegenheit, in Gesprächen mit einigen in West-Berlin ansässigen Industrieunternehmen zusätzliche Informationen zur Einschätzung des Investitionsverhaltens, der gegenwärtigen Probleme und der wichtigsten Investitionshemmnisse zu erzielen. Schließlich wurden die wesentlichen wirtschaftsstrukturellen Merkmale der Beispielstädte sowie einige Strukturmerkmale zur städtebaulichen Situation durch Auswertung von Arbeiten des Statistischen Amtes der DDR und auf der Basis der durchgeführten Gespräche zu einem kurzen Städteprofil verbunden.

1.3 Probleme bei der Durchführung des Forschungsauftrages

Die Umbruchsituation in der ehemaligen DDR hat die Bearbeiter des Forschungsvorhabens mit einer Reihe von Problemen konfrontiert, die sowohl die Organisation des Forschungsprozesses als auch die eigentliche Feldarbeit erheblich behindert haben. Als störend machten sich besonders die Kommunikationsprobleme bemerkbar, die rechtzeitige Terminabsprachen sehr erschwerten. Die Durchführung der Feldforschung litt vor allem darunter, daß in den Fallstudienstädten während der Bearbeitungszeit neue staatliche und kommunale Strukturen entstanden, so daß sich die Suche nach geeigneten Ansprechpartnern als schwierig erwies.

So haben sich die durchgeführten Recherchen zunächst auf die ehemaligen staatlichen Büros für Territorialplanung konzentriert, bei denen anfangs der größte Teil der Anfragen westlicher Investoren einging. Im Zuge des Aufbaus neuer Kommunalverwaltungen haben diese Büros, die über relativ stabile Organisationsstrukturen verfügten, ihre Kompetenzen bzw. ihre Funktion als Anlaufstelle für Investoren aber mehr und mehr zugunsten der neuen kommunalen Ämter eingebüßt. Andererseits waren die neuen Ämter für Wirtschaftsförderung und Stadtentwicklung in den Kommunen mit ihren neuen Aufgaben häufig überfordert. So waren zu Beginn des Forschungsvorhabens die neu geschaffenen Amtsleiter-Stellen größtenteils noch nicht besetzt, so daß die richtigen Ansprechpartner zunächst nicht zur Verfügung standen. Weiterhin haben in einigen Städten Personen, die zunächst für eine Kooperation verfügbar waren, später ihre Ämter verloren oder aufgrund von Arbeitsüberlastung selbst aufgegeben.

Auch die zunächst vorgesehene Einbindung eines ostdeutschen Forschungsinstituts im Rahmen eines Unterauftrages konnte nicht realisiert werden, da dieses Institut schon kurz nach der Vereinigung der beiden deutschen Staaten aufgelöst wurde.

Als Ergebnis kann festgehalten werden, daß sich die defizitären Strukturen der Kommunalverwaltungen nicht nur als ein gravierendes Hemmnis für die Realisierung von Investitionen vor Ort, sondern auch als Hemmnis für die Durchführung dieses Forschungsvorhabens herausgestellt haben.

2 Städteprofile
2.1 Vorbemerkung

Die untersuchten Städte wurden so ausgewählt, daß sie ein möglichst repräsentatives Bild der Verhältnisse in den neuen Bundesländern widerspiegeln sollten. Sie wurden deshalb nach ihrer Lage (jeweils im Norden, in der Mitte und im Süden der ehemaligen DDR) sowie nach ihrer Größe (drei Landeshauptstädte sowie drei weitere "kleinere" Städte) ausgewählt. Die regionale Zuordnung hat darüber hinaus zugleich Bedeutung für den Industrialisierungsgrad: Es gibt in der ehemaligen DDR hinsichtlich der Industrialisierung ein ausgeprägtes Süd-Nord-Gefälle. Während in den früheren Bezirken Schwerin und Potsdam nur 118 bzw. 150 Beschäftigte - je 1 000 Einwohner - in der Industrie tätig waren, lag der entsprechende Anteil im Bezirk Dresden mit 220 deutlich darüber. Spitzenreiter in der Industrie waren die Bezirke Chemnitz (früher Karl-Marx-Stadt) und Suhl (vgl. Tabelle 1). Damit sind für die südlichen Bezirke der ehemaligen DDR andere Entwicklungsprobleme vorgezeichnet als für den industriell weniger stark geprägten Norden.

2.2 Zusammenfassende Charakterisierung der untersuchten Städte
2.2.1 Bevölkerungsstruktur

Trotz der erheblichen Größenunterschiede weicht die Alters- und Geschlechtsstruktur zwischen den Vergleichsstädten nur geringfügig ab (vgl. Tabellen 2 und A 1). Mit einem Bevölkerungsanteil im Erwerbsalter zwischen 66,0 und 66,7 vH liegen fünf der sechs Fallstudienstädte über dem Durchschnitt der ehemaligen DDR (64,8 vH). Nur in Dresden fällt der Erwerbsfähigenanteil der Bevölkerung (63,7 vH) deutlich niedriger aus.

Größer sind die Streuungen bei den Kindern und den Personen im Rentenalter. So liegen die Kinder-Anteile zwischen 18,0 vH (Riesa) und 22,0 vH (Schwerin), die Anteile der Personen im Rentenalter zwischen 12,0 vH (Schwerin) und 17,8 vH (Dresden). Dresden war wegen seiner landschaftlichen und städtebaulichen Schönheit seit jeher bevorzugter Altersruhesitz. Die aktuelle Altersstruktur der Bevölkerung könnte nach wie vor hieraus resultieren.

Angaben zur Bevölkerungsdichte - Einwohner je qkm - liegen für die vier Stadtkreise Schwerin, Potsdam, Dresden und Brandenburg/Havel vor. Mit 2 200 Einwohnern je qkm ist

Tabelle 1

Süd-Nord-Gefälle der Industrialisierung in der ehemaligen DDR am 31.12.1987

Bezirk	Fläche in qkm	Einwohner 1988		Industriebeschäftigte 1987	
		absolut	je qkm	absolut	je 1 000 Einwohner
Rostock	7 075	916 541	130	111 890	122
Schwerin	8 672	595 176	69	70 158	118
Neubrandenburg	10 948	620 467	57	55 724	90
Potsdam	12 568	1 123 759	89	167 946	150
Berlin (Ost)	403	1 284 535	3 187	166 710	131
Frankfurt/Oder	7 186	713 764	99	95 532	134
Cottbus	8 262	884 744	107	195 084	220
Magdeburg	11 526	1 249 518	108	206 530	165
Halle	8 771	1 776 458	203	406 593	229
Erfurt	7 349	1 240 394	169	261 271	211
Gera	4 004	742 023	185	158 736	214
Suhl	3 856	549 442	142	142 924	260
Dresden	6 738	1 757 363	261	387 646	220
Leipzig	4 966	1 360 923	274	278 165	204
Karl-Marx-Stadt	6 009	1 859 525	309	458 387	246
ehemalige DDR insgesamt	108 333	16 674 632	154	3 163 296	190

Quellen: Statistisches Jahrbuch der Deutschen Demokratischen Republik 1989; Arbeitsstättenerhebung für die Industrie - Stichtag 31.12.1987; eigene Berechnungen.

Tabelle 2 Fläche, Wohnbevölkerung, Bevölkerungsdichte in ausgewählten Städten und Regionen Ostdeutschlands am 31.12.1989

Ehemalige DDR Land Bezirk Kreis Gemeinde	Territorialfläche in qkm	Wohnbevölkerung insgesamt	männlich	weiblich	Frauenanteil in vH	Einwohner je qkm
Ehemalige DDR	108 333	16 433 796	7 873 200	8 560 596	52,1	152
Land Sachsen	18 338	4 900 675	2 317 486	2 583 189	52,7	267
Bezirk Dresden	6 740	1 713 086	812 012	901 074	52,6	254
Stadtkreis Dresden	226	501 417	234 291	267 126	53,3	2 219
Stadt Riesa	.	47 326	22 618	24 708	52,2	.
Land Brandenburg	29 062	2 641 152	1 281 339	1 359 813	51,5	91
Bezirk Potsdam	12 570	1 111 210	537 263	573 947	51,7	88
Stadtkreis Potsdam	101	141 430	67 176	74 254	52,5	1 400
Stadtkreis Brandenburg/H.	167	93 441	44 946	48 495	51,9	560
Land Mecklenburg-Vorp.	23 838	1 963 909	957 885	1 006 024	51,2	82
Bezirk Schwerin	8 673	590 171	285 808	304 363	51,6	68
Stadtkreis Schwerin	130	129 492	61 900	67 592	52,2	996
Stadt Parchim	.	23 466	11 364	12 102	51,6	.

Quelle: Gemeinsames Statistisches Amt in Berlin.

Dresden wesentlich dichter besiedelt als die beiden anderen Landeshauptstädte Potsdam (1 400) und Schwerin (1 000) und als Brandenburg (560). Allerdings sind solche Vergleiche wenig aussagekräftig, da die Bevölkerungsdichte wesentlich von der mehr oder weniger willkürlich gezogenen Stadtgrenze abhängt. So gehören zum Stadtgebiet Brandenburgs beispielsweise große Wasser- und Waldflächen, die zusammen 55 vH der gesamten Fläche ausmachen. Auch Schwerin und Potsdam sind durch eine reiche Seen- und Waldlandschaft geprägt.

2.2.2 Wirtschaftsstruktur

Die Struktur der Berufstätigen nach Wirtschaftsbereichen wird exemplarisch für die Industrie einerseits sowie die Summe der nichtproduzierenden Bereiche der alten DDR-Systematik als grober Indikator für "Dienstleistungen" andererseits verglichen (vgl. Tabelle A 2).

Der Anteil der Beschäftigten in der Industrie ist mit geschätzten 60 vH in Riesa am höchsten, in Parchim könnten es zwischen 30 und 40 vH sein, etwa soviel wie in Brandenburg (36,9 vH) und Dresden (36,3 vH). Deutlich unter dem Durchschnitt der früheren DDR (37,3 vH) liegt der Anteil der Industriebeschäftigten in Schwerin (27,8 vH) und Potsdam mit lediglich 14,3 vH (vgl. Tabelle A 3). Stärker als die Industrie ist die Bauwirtschaft in Potsdam mit einem Anteil von 15,4 vH vertreten, der mehr als doppelt so hoch ist wie im Durchschnitt Brandenburgs oder im gesamten Beitrittsgebiet. Hervorzuheben ist weiterhin der Bereich Wissenschaft, Bildung, Kultur, Gesundheit und Soziales, der - wohl wegen der DEFA - einen überdurchschnittlichen Beschäftigtenanteil von 22,4 vH aufweist. Die sogenannten nichtproduzierenden Bereiche, insbesondere Bildung und Wissenschaft sowie Gesundheit und Soziales sind auch in Dresden überdurchschnittlich vertreten; die Vergleichswerte lagen 1989 aber unter denen von Potsdam und Schwerin.

Für den Bereich der Industrie stehen ferner Angaben für die industrielle Dichte (Industriebeschäftigte je Hektar industriell genutzter Fläche einerseits und Industriefläche je Einwohner andererseits) zur Verfügung. Eine Auswertung der Arbeitsstättenzählung zum Jahresende 1987 in der ehemaligen DDR ergibt dabei, daß die größten Industrieflächen je Einwohner in Brandenburg/Havel (82 m^2) und im Kreis Riesa (73 m^2) vorhanden sind, in Potsdam mit 12 m^2 hingegen die relativ geringsten. In den Städten Schwerin und Dresden sowie im Kreis Parchim liegt diese Kennziffer zwischen 22 und 26 m². Die geringeren Industrieflächen je Einwohner sind in den drei Landeshauptstädten mit einer flächensparenden Produktion verbunden. So wird vor allem in Dresden mit 86 Industriebeschäftigten je ha Industriefläche auf wesentlich engerem Raum produziert als beispielsweise in Brandenburg/Havel, wo lediglich 25 Industriebeschäftigte auf einen ha entsprechender Fläche entfielen (vgl. Tabelle 3).

Für die Qualifikationsstruktur der Beschäftigten liegen nur Angaben für die vier Stadtkreise vor. Der Anteil der Beschäftigten mit Hochschulabschluß korrespondiert dabei mit der Stadtgröße: Er beträgt in Dresden 12,0 vH, in Potsdam 10,4 vH, in Schwerin 9,0 vH und in Brandenburg 6,5 vH. Schwerin hat relativ die meisten Fachschulabsolventen (17,1 vH), in den übrigen drei Städten schwankt dieser Anteil zwischen 14,4 vH und 14,9 vH. In Brandenburg gibt es mit 11,3 vH die meisten "Ungelernten". Der Anteil liegt in den übrigen drei Städten zwischen 9,3 vH und 9,9 vH. Die Facharbeiteranteile streuen in den vier Städten nur wenig und liegen zwischen 57,3 vH (Schwerin) und 58,8 vH (Brandenburg) (vgl. Tabellen A 4 bis A 6).

2.2.3 Städtebauliche Struktur

Die städtebauliche Struktur unterscheidet sich vornehmlich in den Altbaukomplexen der Städte; die Neubaugebiete sind in der ehemaligen DDR nahezu in der gleichen (Platten-) Bauweise errichtet worden und prägen - wenn nicht gar dominieren - weitestgehend die Wohnlandschaft. Die Altbausubstanz hingegen hängt in ihrer Quantität von den Kriegszerstörungen und vom Nachkriegsverfall ab, in ihrer Qualität neben dem Verfallsgrad vor allem von der Bedeutung und Größe der Stadt, etwa ihrer früheren Funktion als Residenzstadt. Dies trifft insbesondere auf die Städte Potsdam, Dresden und Schwerin zu, allerdings waren die Kriegszerstörungen in Dresden weitaus größer als in Potsdam und Schwerin, weshalb in den beiden letzteren Städten auch quantitativ beachtenswerte Altbausubstanz erhalten geblieben ist, wenn auch - wie etwa in der Potsdamer Gutenbergstraße - teilweise stark verfallen. Schwerin ist sogar weitgehend von Kriegszerstörungen verschont geblieben. Es sind daher große Teile der Altstadt erhalten, wenn sie auch vielerorts vom Verfall bedroht bzw. abgerissen worden sind. Seit Mitte der siebziger Jahre begannen Restaurierungsarbeiten im Stadtkern, "die allerdings mit dem Verfall nicht Schritt

Tabelle 3   Kennziffern für den Industriebereich in den Fallstudienstädten[1]) am 31.12.1987

Stadt/Kreis	Arbeits-stätten	Arbeiter und Angestellte	Industrie-fläche in ha	Industrie-beschäftigte je ha Industriefläche	Industrie-fläche je Einwohner in qm
Schwerin	160	19 925	315,4	63	24
Parchim (Kreis)[2])	47	4 814	101,6	47	26
Potsdam	110	10 832	176,5	61	12
Brandenburg/H.	102	19 774	776,0	25	82
Dresden	1 045	100 076	1 163,2	86	22
Riesa (Kreis)[2])	88	29 532	718,3	41	73

1) Territorial bereinigte Ergebnisse: Zuordnung der Arbeitsstätten nach jeweiligem Standort in der Stadt/dem Kreis. - 2) Angaben nur für den gesamten Kreis vorhanden.

Quellen: Gemeinsames Statistisches Amt in Berlin: Ergebnisse der Erfassung der Arbeitsstätten der Betriebe des Wirtschaftsbereichs Industrie, Stichtag 31.12.1987 (vervielfältigtes Manuskript).

halten konnten"[1]. Vernachlässigt wurde bisher das Gebiet der Schelfstadt mit seiner barocken Gesamtanlage um die Schelfkirche.

Die Altbausubstanz in Potsdam befindet sich in einem schlechten Zustand. Das Holländische Viertel und die Gebiete nördlich und südlich der Brandenburger Straße (zweite barocke Stadterweiterung) sind inzwischen zu Sanierungsgebieten erklärt worden. Allein im Holländischen Viertel stehen - neben 40 Gebäuden mit Sanierungsbedarf - gegenwärtig 60 Gebäude leer (insbesondere in denkmalgeschützter Bausubstanz) und sind stark gefährdet[2]. In den beiden anderen Gebieten wurden mehr als 200 Grundstücke mit Altbausubstanz (Vorderhaus und Hofgebäude) ermittelt[3].

In Brandenburg sind die Altstadtgebiete zum einen von schlichterer Architektur als in den drei Landeshauptstädten, zum anderen von allen untersuchten Städten am stärksten verfallen und stehen zum großen Teil leer. Riesa hat einen relativ eintönigen Industriestadtcharakter mit vielen kleinen, bescheidenen Häusern in der Altstadt. Auch in Parchim gibt es viele kleine alte Stadthäuser, allerdings wirken diese hier durch die häufiger anzutreffende Fachwerkbauweise und durch den mittelalterlichen Zuschnitt der Altstadt eher anheimelnd.

Die durchschnittliche Ausstattung der Wohnungen - also Neubau- und Altbauwohnungen zusammen - weicht bei den vier größten Städten, für die Daten vorliegen, nicht dramatisch voneinander ab. Lediglich in Dresden ist der Ausstattungsgrad mit Bad oder Dusche (79 vH), Innen-WC (77 vH) und moderner Heizungsart (48 vH) geringer als in den anderen drei Städten, wo diese Anteile zwischen 84 vH (Brandenburg) und 87 vH (Potsdam) für Ausstattung mit Bad oder Dusche, zwischen 83 vH (Schwerin) und 88 vH (Potsdam) für das Vorhandensein eines Innen-WC's sowie zwischen 55 vH (Brandenburg) und 69 vH (Schwerin) für eine eingebaute moderne Heizung schwanken. Ist also qualitativ die Ausstattung in Dresden am schlechtesten, so ist sie quantitativ dort am besten mit durchschnittlich 29 m² Wohnfläche je Einwohner und 126 Wohnräumen je 100 Einwohner.

---

[1]Thomas Helms, Margot Krempien, Helmuth Schultz: Schwerin. Stadt zwischen Seen und Wäldern, Bremen 1990, S. 31.

[2]Vgl. Beschlußvorlage des Dezernats Bau und Wohnen über die Durchführung vorbereitender Untersuchungen zur Festlegung von Sanierungsgebieten vom 12.09.1990.

[3]Ebenda.

In den übrigen drei Städten beträgt die durchschnittliche Wohnfläche je Einwohner zwischen 23,6 m² (Schwerin) und 27,8 m² (Potsdam), die Wohnräume für 100 Einwohner betragen zwischen 109 (Schwerin) und 117 (Potsdam) (vgl. Tabelle A 7).

2.2.4 Politisch-administrative Struktur

Alle untersuchten Städte zeichnen sich durch Koalitionen mit einem breiten politischen Spektrum aus. Dies ist wohl dadurch zu erklären, daß sich nach der Wende die politischen Kräfte jenseits der PDS zusammenschließen wollten, um weitgehend gemeinsam einen Neuanfang zu machen. Dieser unterstellte Wunsch nach Gemeinsamkeit führt in den Details der Alltagsaufgaben jedoch häufig dennoch zu unterschiedlichen Sichtweisen, die die Entscheidungsstrukturen komplizieren und Entscheidungsvorgänge verlängern, wenn nicht gar verhindern, was bei einer kleineren, aber politisch homogeneren Koalition weniger der Fall wäre. Diese Schwierigkeiten wurden in allen Städten sichtbar. Man kann deshalb auch nicht davon ausgehen, daß die Kommunalpolitik von dem in der alten Bundesrepublik bekannten konservativ-liberalen Schema auf der einen oder den sozial-alternativen Sichtweisen auf der anderen Seite geprägt wird, sondern lediglich der Einfluß der Parteien je nach Wahlergebnis graduell unterschiedlich ist. Nimmt man einmal die Parteizugehörigkeit des (Ober)Bürgermeisters als Maßstab für diesen "Einflußüberhang", dann ergibt sich folgendes Bild: In Schwerin, Potsdam und Brandenburg/Havel wird der Verwaltungschef von der SPD, in Dresden und Parchim von der CDU gestellt. In Riesa erreichte die CDU zwar den höchsten Stimmenanteil, der Bürgermeister ist jedoch parteilos.

2.2.5 Fazit

Vieles erscheint bei diesem Städtevergleich relativ homogen, etwa die Bevölkerungsstrukturen, durch die Dominanz der Neubaugebiete auch die Wohnstrukturen. Selbst die politisch-administrativen Strukturen sind sich durch die "großen Koalitionen" - unter Ausgrenzung der PDS - weitgehend ähnlich. Andererseits gibt es auch herausragende Unterschiede, etwa durch die Stadtgröße, ferner durch die Wirtschaftsstruktur, hauptsächlich wegen des unterschiedlichen Anteils der Industrie. Unterschiede gibt es vor allem in der Qualifikationsstruktur der Beschäftigten, bedingt durch unterschiedliche Anteile an Hochschulabsolventen. So sind die drei Landes- und früheren Bezirkshauptstädte am besten mit Bildungs- und sonstigen kulturellen Einrichtungen versorgt. Alle drei Städte sind wegen ihrer landschaftlichen Lage und der historischen Bauten und Kunstschätze bedeutende Fremdenverkehrsorte, insbesondere Dresden und Potsdam. Herausragende Industriestandorte, die zugleich das Stadtbild prägen, sind Riesa und Brandenburg.

Berücksichtigt man, daß die untersuchten Städte über das ganze Gebiet der neuen Bundesländer verteilt liegen, dann kann davon ausgegangen werden, daß die Untersuchungsresultate aus diesen sechs Fall-Beispielen einen weitgehend zutreffenden Eindruck über die Rahmenbedingungen für Investoren aus den westlichen Teilen Deutschlands und dem westlichen Ausland für das gesamte Gebiet der ehemaligen DDR vermitteln.

3   Ergebnisse der Fallstudien
3.1   Analyse der Standortnachfragen
3.1.1   Art und Umfang der "Offerten" westlicher Investoren

Die in den sechs Fallstudienstädten durchgeführten Recherchen zeigen, daß es - gemessen an der Zahl der standortsuchenden Unternehmen - grundsätzlich keinen Mangel an potentiellen Investoren gibt. So lagen in der brandenburgischen Landeshauptstadt Potsdam nach Ermittlungen des Büros für Territorialplanung bei der Bezirksverwaltungsbehörde Potsdam, die im Auftrage des Provisorischen Regionalausschusses für Berlin und die ehemaligen DDR-Bezirke Potsdam und Frankfurt/Oder durchgeführt wurden, bereits im Mai 1990 rund 220 Standortanfragen mit einem Flächenvolumen von mehr als 400 ha vor. Diese Zahl ist im Laufe weniger Monate um ein Mehrfaches gestiegen. Bis November 1990 gingen beim Magistrat der Stadt Potsdam mehr als 1 800 schriftliche Standortanfragen (westliche und einheimische zusammen) ein. Selbst wenn sich im Zuge des gegenwärtigen Prüfungsverfahrens der Stadt nur etwa ein Drittel davon als ernstzunehmende Investitionsvorhaben herausstellen sollten, wäre dies deutlich mehr, als überhaupt realisiert werden könnte.

Eine ähnliche Entwicklung ist auch in der sächsischen Landeshauptstadt Dresden zu beobachten, wo die Zahl der Standortanfragen nach Schätzungen der Verwaltung im Dezember 1990 bei rund 2 300 gelegen haben soll. Davon seien rund 1 000 Anfragen als interessant anzusehen. Die Gesamtzahl aller einheimischen und auswärtigen Firmen, die in Dresden Gewerberäume oder Gewerbeflächen suchen, belief sich Ende Januar 1991 auf 3 470[4].

Gemessen an der Größe der Stadt war das Interesse in Parchim relativ am stärksten. Die nur 23 500 Einwohner zählende Stadt registrierte Ende November 1990 150 westliche Investoren und zusätzlich 210 einheimische Interessenten. Dagegen verzeichnete der Stahlstandort Riesa mit etwa 50 westlichen Anfragen Ende November 1990 das absolut wie relativ geringste Interesse, auch wenn diese Zahl vom dortigen Amt für Wirtschaftsförderung gleichwohl als "viel" bezeichnet wurde. In Brandenburg/Havel wurde die Zahl der westlichen Interessenten im Oktober 1990 auf 250 geschätzt, bei ebensovielen einheimischen Anfragen. Vom Umfang her sind dies ebenfalls mehr Investitionsvorhaben, als zum

---

[4] Artikel "Bauboom in Sicht". In: Sächsische Zeitung vom 26./27.01.1991, S. 16.

gegenwärtigen Zeitpunkt realisiert werden können. Das gleiche gilt für Schwerin, wo im Januar 1991 etwa 1 400 Anfragen vorlagen, davon etwa ein Drittel aus dem Westen.

Eine genaue Analyse von Art und Umfang der im Sprachjargon der neuen Bundesländer als "Offerten" bezeichneten Standortanfragen ist zum gegenwärtigen Zeitpunkt nur bedingt möglich, da der Informationsstand der Kommunen noch sehr unterschiedlich ist. Am detailliertesten sind sie in Potsdam dokumentiert, wo bereits zu einem frühen Zeitpunkt entsprechende Anstöße zur Erhebung der Daten durch die Diskussion im Provisorischen Regionalausschuß gegeben wurden. Auch in Schwerin, wo die Daten - ähnlich wie in Potsdam - auf einem PC gespeichert werden, sind die Erhebungs- und Auswertungsarbeiten relativ weit vorangeschritten. Berücksichtigt werden dabei nur die in der Stadtverwaltung schriftlich eingegangenen Offerten.

Vor der Vereinigung der beiden deutschen Staaten gingen die Standortwünsche westlicher Investoren bei fünf verschiedenen Ebenen ein: bei den Bezirken, den Kreisen, den Städten und Gemeinden, den Betrieben/Genossenschaften sowie bei Privatleuten. Inzwischen ist die Treuhandanstalt als weitere Anlaufstelle hinzugekommen. Insoweit nimmt es nicht wunder, daß die Mehrzahl der Städte keine umfassenden Übersichten über den Stand der Standortanfragen besitzt.

Die Struktur der bei den Städten vorliegenden Standortanfragen zeichnet sich überall durch ein starkes Übergewicht der Investitionsabsichten in den Bereichen Handel, Banken, Hotelerie, Gastronomie und Dienstleistungen aller Art aus. "Wir könnten die ganze Stadt mit Handelseinrichtungen zubauen", beklagt die stellvertretende Leiterin des Amtes für Gewerbeförderung die gegenwärtige Potsdamer Situation[5]. Relativ gering vertreten sind dagegen (noch) Investitionsabsichten im Bereich der industriellen Produktion. Diese Tendenz war bereits im Frühjahr 1990 im Berliner Raum zu beobachten, und sie hat sich seither nicht grundlegend gewandelt.

Im Berliner Raum wurde bereits zu einem sehr frühen Zeitpunkt von der Expertengruppe "Standortplanung" der Arbeitsgruppe "Regionalplanung, Stadterhaltung und Stadtentwicklung" des Provisorischen Regionalausschusses ein erstes Papier über die Standortwünsche

---

[5] Vgl. Artikel "Stadtrat hofft auf Kasernengelände für einheimische Gewerbebetriebe". In: Der Tagesspiegel vom 18.01.1991.

westlicher Investoren im Großraum Berlin erarbeitet[6]. Darin wurden sowohl Grundsätze zur zukünftigen Gewerbeflächenentwicklung in der Region Berlin als auch erste Kriterien zur Bestimmung von Standorten für die gewerbliche Wirtschaft formuliert. Außerdem enthielt das Papier eine erste Analyse der Standortwünsche für Investitionen in den Bezirken Berlin (Ost), Potsdam und Frankfurt/Oder. Schon diese frühe Analyse zeigte, daß rund ein Drittel der Anträge auf Bereitstellung von Flächen die Schaffung von Kapazitäten im Hotel- und Gaststättengewerbe sowie im Handel betraf. Angebote zur Schaffung von Arbeitsplätzen in der Industrie lagen selbst für das Gebiet von Berlin (Ost) mit rund 14 vH der Anträge deutlich darunter. Diese Ergebnisse korrespondieren mit einer ersten Auswertung für das Gebiet der Stadt Potsdam vom Juni 1990, die auf der Basis von 495 Standortanfragen durchgeführt wurde (vgl. Tabelle 4). Lediglich 9,3 vH der Anfragen waren aus dem Bereich Industrie/Handwerk, während rund 36 vH der Investoren Handels- und Dienstleistungseinrichtungen erstellen wollten. Der größte Flächenbedarf mit rund 65 vH aller Flächenanforderungen entfiel danach auf den Bereich "Kultur, Sport, Erholung und Freizeit". Dahinter verbergen sich u. a. die sehr hohen Flächenansprüche für die Errichtung von Golfplätzen, die nicht nur in Potsdam/Stadt, sondern auch im gesamten Berliner Umland in exzessivem Umfang beantragt worden sind.

Um der Ausuferung der damit verbundenen Flächenansprüche Einhalt zu gebieten, hat der Provisorische Regionalausschuß bereits im April 1990 einen Beschluß zur Beurteilung raumbedeutsamer Vorhaben und Maßnahmen nach einheitlichen Grundsätzen und Kriterien gefaßt und die zuständigen Behörden des Magistrats und des Senats von Berlin sowie der Bezirke Frankfurt/Oder und Potsdam aufgefordert, bei Standort- bzw. Baugenehmigungen die Grundsätze und Kriterien dieses Beschlusses durch die zuständigen örtlichen Organe berücksichtigen zu lassen. Raumbedeutsam im Sinne dieses Beschlusses[7] sind "Vorhaben und Maßnahmen, bei denen eine Änderung der bisherigen Art der Nutzung beabsichtigt ist und die Flächengröße des Vorhabens

- bei Nutzung als Lager- und Abstellflächen   1,0 ha,
- bei Nutzung für produzierendes Gewerbe   0,8 ha,

---

[6]Standortanfragen der gewerblichen Wirtschaft in Berlin und der Region Berlin, Bericht der Expertengruppe "Standortplanung" an die Arbeitsgruppe 9 "Regionalplanung, Stadterhaltung und -entwicklung" (unveröffentlichtes Manuskript vom 13.03.1990).

[7]Beschluß Nr. 41/90 des Provisorisches Regionalausschusses vom 26.04.1990.

Tabelle 4

Struktur der Standortanfragen von Investoren in Potsdam im Juni 1990[1]

in vH

Wirtschaftszweig	Anfragen	Fläche
Industrie/Handwerk	9,3	6,5
Bauwesen	9,3	1,8
Handel/Dienstleistungen	35,8	18,0
Landwirtschaft	0,8	0,1
Gastronomie/Hotels	11,9	0,8
Verkehr/Tankstellen	16,2	6,4
Kultur/Sport/Erholung	9,1	64,8
Wohnungsbau	1,4	0,1
Sonstiges	6,3	1,2
Insgesamt	100,0	100,0

1) Basis: 495 Anfragen mit einem Flächenvolumen von 790 ha.

Quelle: Bezirksverwaltungsbehörde Potsdam.

- bei Handels- und Dienstleistungseinrichtungen   0,4 ha,
- bei Nutzung als Freizeitanlage   3,0 ha

übersteigen soll"[8].

Aufgrund dieser Empfehlung waren allein im September 1990 im ehemaligen Bezirk Potsdam mehr als 100 Raumordnungsverfahren anhängig (vgl. Tabelle 5).

Daß sich die Standortanfragen von Investoren vor allem auf Dienstleistungen i. w. S. konzentrieren und bisher nur wenig produktionsorientierte Vorhaben zu erkennen sind, ist grundsätzlich nicht verwunderlich. Denn über den Aufbau neuer Vertriebssysteme muß schnell entschieden werden, um potentiellen Konkurrenten zuvorzukommen. Dagegen bedürfen Investitionen im Produktionsbereich einer erheblich längeren Vorbereitungszeit; sie sind Ergebnis strategischer Unternehmensplanung auf der Basis von Markt- und Standortanalysen.

Das bisherige Fehlen oder unzureichende Angebot von Investitionsabsichten im Bereich der industriellen Produktion wurde besonders schmerzlich in den Industriestandorten Brandenburg und Riesa empfunden, wo durch die Stillegung der dortigen veralteten und unrentablen Stahlwerke ein großes Potential an Industriearbeitern von Arbeitslosigkeit betroffen bzw. bedroht ist. So gab es in Riesa Ende November 1990 keine einzige für die Stadt interessante Offerte im gewerblichen Bereich[9]. In Brandenburg wurden zum Zeitpunkt der Interviews gerade Verhandlungen mit einem Maschinenbaubetrieb aus dem Bundesgebiet über die Ansiedlung in einem noch zu erschließenden städtischen Gewerbegebiet geführt. Sie konnten inzwischen erfolgreich abgeschlossen werden[10].

Zwar liegen detaillierte Angaben über die Struktur der Offerten nur für das Gebiet der Stadt Potsdam vor, doch ist die starke Dominanz von Handels- und Dienstleistungseinrichtungen und der Mangel von Interessenten aus dem verarbeitenden Gewerbe auch von

---

[8]Ebenda.

[9]Inzwischen scheint jedoch eine Heizkörper- und Möbelproduktion auf dem ehemaligen Stahlwerksgelände geplant zu sein (vgl. Sächsische Zeitung vom 15.02.1991).

[10]Danach wird die Heidelberger Druckmaschinen AG, Tochtergesellschaft der Rheinisch-Westfälischen Elektrizitätswerke AG, 1991 in Brandenburg mit der Errichtung eines Werkes zur Herstellung von Offsetdruckmaschinen beginnen (vgl. Tagesspiegel vom 14.12.1990).

Tabelle 5

Raumordnungsverfahren im Bezirk Potsdam im September 1990

Vorhaben	Fälle	
	insgesamt	im Berliner Umland
Einkaufs- und Dienstleistungsbereich	14	4
Golfplätze	20	12
Freizeitanlagen	13	5
Gewerbliche Vorhaben	16	10
Infrastruktur Tankstellen, Spedition, sonstige gewerbliche Vorhaben	30	18
Verwertung/Deponie	8	4
Schlachthof	5	3
Insgesamt	106	60

Quelle: Bezirksverwaltungsbehörde Potsdam.

den Gesprächspartnern in den anderen untersuchten Städten deutlich gemacht worden. Obwohl die Zahl der Standortanfragen in der Stadt Potsdam bis November 1990 auf rund 1 800 angestiegen ist, sind gravierende Änderungen in der Nutzungsstruktur nicht erkennbar (vgl. Tabelle 6). Aufgrund der Befragungsergebnisse in den übrigen Fallstudienstädten kann davon ausgegangen werden, daß die für das Gebiet der Stadt Potsdam ermittelte Nutzungsstruktur auch für andere Städte und Gemeinden der ehemaligen DDR durchaus typisch ist.

3.1.2 Standortanforderungen der Investoren

Weil das Übergewicht der Investitionsvorhaben im Handel und in sonstigen publikumsbezogenen Dienstleistungen wie etwa Banken und Versicherungen liegt, gibt es eine starke Nachfrage nach Standorten in den Innenstadtbereichen. In Potsdam drängen Handel, Banken und Versicherungen sämtlich in die Brandenburger Straße, die als Fußgängerzone zentrale Einkaufsfunktionen erfüllt. Dagegen werden die beiden Parallelstraßen insbesondere von den Kreditinstituten bisher noch kaum akzeptiert. Dies gilt sowohl für die Gutenbergstraße, die sich in einem miserablen baulichen Zustand befindet, als auch für die Wilhelm-Pieck-Straße, die sich gegenwärtig als stark befahrene Durchgangsstraße präsentiert. In dieser Straße befindet sich indessen ein städtebaulicher Blickfang, die historische Potsdamer "Alte Wache", die in den letzten Monaten restauriert wurde. Hauptnutzer des Gebäudes ist eine Bank (als Mieter), die nicht nur die Kosten der Inneneinrichtung getragen hat, sondern sich auch an der Instandsetzung der Außenfassade mit einem erheblichen Betrag beteiligte. Die meisten anderen Banken haben in Potsdam dagegen noch kein endgültiges Domizil gefunden. Sie ziehen es vor, zunächst noch in Bürocontainern in der Nähe der Brandenburger Straße zu residieren.

Ein wesentlicher Grund für den Mangel an Interesse für die Gutenbergstraße besteht darin, daß es gegenwärtig noch kein klares städtebauliches Nutzungskonzept für die Potsdamer Innenstadt gibt und eine Sanierungssatzung für das Gebiet der zweiten Stadterweiterung erst noch erarbeitet werden muß. Gerade in der Potsdamer Innenstadt gibt es zahlreiche Konflikte zwischen Denkmalpflege, Städtebau und Wirtschaftsförderung. So sind die Grundrisse der meisten Häuser in der Gutenbergstraße für eine kommerzielle Nutzung zu klein. Sie sind insbesondere für Nutzungen mit einem regen Publikumsverkehr nicht geeignet. Darüber hinaus gibt es beim geplanten Wiederaufbau der recht kleinen barocken

Tabelle 6

Struktur der Standortanfragen von Investoren in Potsdam am 12.12.1990[1)]

in vH

Wirtschaftszweig	Anteil
Handel	23,0
Gastronomie, Hotels	11,2
Industrielle Produktion und Stadttechnik z. B. Energie	5,9
Bauwirtschaft	9,3
Verkehrswesen Kfz-Pflege und -Reparatur, Tankstellen, Fuhrunternehmen u. ä.	11,0
Dienstleistungen unterschiedlicher Art Freizeit, Gesundheitswesen, Finanzwesen, Versicherungen, Beratung, Bauvorbereitung, Kultur, Werbung u. ä.	20,8
Wohnungs- und sonstiges Immobilienwesen Kauf und Bau von Häusern, Kauf von Grundstücken	8,3
Sonstiges Verbände, Ausstellungen, auch Grundstückskäufe und Dienstleistungen sowie andere, sehr heterogene Angebote	10,6

1) Nur solche, die mit Anforderungen zur Bereitstellung von Flächen, bebauten und unbebauten Grundstücken, Häusern, Gebäuden sowie von Gewerbe-, Büro-, Laden- und sonstigen Räumen verbunden sind. Gesamtzahl: rund 1 500 von etwa 1 800. Alte und neue Bundesländer sowie Ausland zusammen.

Quelle: Berechnet nach Angaben des Dezernats für Stadtentwicklung, Wirtschaft und Gewerbe, Potsdam.

Häuser Probleme, die den Anforderungen der Gewerbetätigkeit häufig nicht mehr genügen. Hier stellt sich die Frage, ob die Denkmalpflege sich auf den Erhalt der Fassade beschränken oder auch die Innengestaltung mit einbeziehen soll. Für den Fall baulicher Veränderungen, die insbesondere auch eine Veränderung der Grundrisse möglich machen, dürften auch für diesen Standort genügend potentielle Investoren vorhanden sein.

Auch in Brandenburg, wo Handels- und Dienstleistungsunternehmen ebenfalls in die historische Altstadt drängen, ist vor allem der kleine Zuschnitt der Gebäude ein Investitionshemmnis.

In Dresden zieht es die großen Banken ebenfalls in zentrumsnahe Standorte. Da das Investoreninteresse mit dem kommunalpolitischen Interesse übereinstimmt, Dresden zum Bankenzentrum auszubauen, sind entsprechende Standorte im alten Stadtzentrum am Altmarkt, Neumarkt, Postplatz und Pirnaischen Platz vorgesehen. Auch die geplante Ansiedlung der Landeszentralbank im Stadtzentrum unterstreicht diese Tendenz.

Neben dem Interesse der großen Banken ist Dresden vor allem für das Hotelgewerbe ein Investitionsschwerpunkt. So gab es nach Angaben der Verwaltung im Frühjahr 1991 rund 340 Anfragen zur Durchführung von Hotelneubauten. Zwar sei man sich in der Stadt darüber im klaren, daß die Bettenkapazität von rund 4 000 auf etwa 12 000 Hotelbetten erweitert werden müsse, doch stünden für die mehr als 300 beantragten Hotelneubauten lediglich 30 Standorte zur Verfügung, davon rund die Hälfte in der Innenstadt. Es sei daran gedacht, etwa ein Drittel der geplanten Hotels in bestehenden Gebäuden unterzubringen, sie würden aber nicht dem internationalen Standard entsprechen können. Ein weiteres Drittel soll auf verschiedenen Neubauflächen in der gesamten Stadt realisiert werden, während das restliche Drittel als Spitzenhotels in der Innenstadt - teilweise auf bisher brachliegenden Flächen - entstehen soll.

Neben Banken und Hotels sind in Dresden mehrere multifunktionale Zentren geplant, die von großen Development-Gesellschaften realisiert werden sollen. So wird in unmittelbarer Nähe zum historischen Stadtzentrum eine kompakte Grundstücksüberbauung entstehen, die durch Passagen gegliedert ist und in der die vorhandenen Einrichtungen "auf einer qualitativ höheren Stufe neu erstehen werden"[11]. Zwei weitere multifunktionale Komplexe sind ebenfalls in der Nähe zur historischen Altstadt geplant; darunter befindet sich ein sogenanntes Euro-Trade-Center, das als Kommunikations- und Kooperationszentrum vorgesehen ist[12].

In Schwerin stehen im Innenstadtbereich kaum bebaubare Standorte zur Verfügung, da es hier so gut wie keine Baulücken gibt. Die einzige größere Freifläche wird als Busbahnhof genutzt. Hier will ein westdeutscher Investor ein Einkaufszentrum mit Dienstleistungs- und Gewerberäumen errichten, die durch Passagen gegliedert und aufgelockert sind. Ansonsten gibt es in Schwerin offenkundig eine Tendenz von Investoren, insbesondere von Handelseinrichtungen, ihre Vorhaben am Stadtrand zu realisieren. Gründe hierfür sind im wesentlichen, daß in der Innenstadt mangels Baulücken "nichts geht". Zwar gibt es offenkundig genügend Investoren, die auch alte Gebäude modernisieren würden. Solche Vorhaben scheitern aber bislang entweder an der Eigentumsfrage oder an der Notwendigkeit, die Gebäude zu entmieten. Ein Beispiel ist ein geplantes Projekt von Telekom in der zentralen Einkaufsstraße Schwerins, dessen Realisierung vor allem deswegen nicht vorankommt, weil für die in den Gebäuden jetzt noch vorhandenen Wohnungen und Gewerbeeinheiten keine Ersatzräume gefunden werden können.

In Parchim werden Standorte von den Investoren bevorzugt, wenn die Sanierungsanforderungen möglichst gering sind. Als Investitionshemmnis wurde in dieser Stadt neben der ungelösten Eigentumsfrage ausdrücklich das Altlastenproblem genannt. Darüber hinaus wurde - ebenso wie in Dresden - auch auf Entsorgungsprobleme hingewiesen. Die gesamte technische Infrastruktur - insbesondere das Abwassersystem - sei in den letzten vierzig Jahren total vernachlässigt worden. Dies könnte sich mittelfristig als ein großes Hemmnis für die Entwicklung der Städte in den neuen Bundesländern herausstellen.

Hinsichtlich der rechtlichen Anforderungen an die Standorte wird von den Investoren der Kauf von Gewerbeflächen und -gebäuden deutlich bevorzugt, von den Kommunen jedoch verbreitet - mit Ausnahme von Parchim - Erbpacht angeboten. Dies scheint sich bisher allerdings noch nicht als entscheidender Standortnachteil herausgestellt zu haben, zumal die

---

[11] Beschluß der Beigeordnetenkonferenz der Stadt Dresden vom 12.12.1990 (vgl. Dresdner Amtsblatt Nr. 26/90 vom 17.12.1990).

[12] Beschluß der Beigeordnetenkonferenz der Stadt Dresden vom 12.09.1990 (vgl. Dresdner Amtsblatt Nr. 13/90 vom 17.09.1990).

Kommunen ihre Priorität für Erbpachtverträge zu überdenken beginnen, weil der Verkauf von Flächen ihnen finanziellen Spielraum gibt und damit auch die gestalterischen Möglichkeiten der Stadtpolitik erhöht.

Die wesentlichen Kriterien für die Standortanforderungen westlicher Investoren in den neuen Bundesländern scheinen nach den Recherchen in den Fallstudienstädten zwei Dinge zu sein: die Qualität des Standortes (kleinräumige Lage, Verkehrsanbindung, Einzugsbereich etc.) und die Klärung der Eigentumsfrage. "Stimmt" der Standort, so spielt die Gebäudesubstanz für den Investor offenkundig keine Rolle. Die Investoren erwarten längerfristige Planungssicherheit. Ist sie gewährleistet, sind die Unternehmen bereit, die Gebäude selbst dann auf eigene Kosten zu modernisieren, wenn die Nutzung nur im Wege eines Miet- oder Pachtvertrages möglich ist.

Die Unternehmen stellen bislang offenbar auch keine detaillierten Ansprüche an das betriebliche Umfeld. Ebensowenig sind in den Interviews präzise Forderungen von Investoren hinsichtlich infrastruktureller Vorleistungen durch die Kommunen bekannt geworden. Dieses Verhalten der Investoren ist offenkundig Ausdruck eines intensiven Wettbewerbs um attraktive Standorte in den Städten. Insbesondere bei Handels- und Dienstleistungseinrichtungen ist die Nachfrage nach solchen Standorten gegenwärtig sehr viel höher als das Angebot, so daß nicht nur Privatleute, sondern auch die Kommunen über die Vereinbarung von Kopplungsgeschäften[13] mit finanzkräftigen Investoren nachdenken. Eine andere Situation besteht im Bereich des produzierenden Gewerbes, wo die Kommunen gewissermaßen händeringend nach Investoren suchen. Sofern es sich um Unternehmen handelt, deren Reputation und Bonität außer Zweifel stehen - wie etwa im Falle der Heidelberger Druckmaschinen AG -, ist bei den Kommunen die Neigung erkennbar, den spezifischen Ansprüchen der Firmen, die sich vor allem auf die Größe der Fläche und den Preis beziehen, nachzukommen[14].

---

[13] In einer der Fallstudienstädte hatten z. B. die Privateigentümer eines im Stadtzentrum gelegenen Gebäudes einer Bank im Wege eines langfristigen Mietvertrages das Nutzungsrecht unter der Bedingung eingeräumt, daß die gesamten Modernisierungskosten des Gebäudes von der Bank getragen wurden und die Eigentümer darüber hinaus noch einen Teil der Gebäude für eigene gewerbliche Zwecke (Pension) nutzen konnten.

[14] So hat die Heidelberger Druckmaschinen AG in Brandenburg eine Fläche von 60 ha erworben, auf der in einer ersten Ausbauphase Produktionsanlagen für 2 500 Arbeitsplätze geschaffen werden sollen. Für weitere 30 ha wurde eine Kaufoption vereinbart.

Detaillierte Angaben hinsichtlich der von den Unternehmen gewünschten Baugebiete (nach BauNVO) lagen in den Städten bei Abschluß der Untersuchung nicht vor. Lediglich Schwerin hat eine erste (vorläufige) Auswertung - allerdings nur für die Standortwünsche ostdeutscher Unternehmen - vorgenommen. Danach hatten Ende Januar 1991 rund 44 vH von 456 Interessenten konkrete Vorstellungen über die angestrebte Baugebietskategorie (vgl. Tabelle 7). Mehr als 50 vH der Bewerber mit konkreten Gebietsangaben suchten Flächen in Gewerbe- oder Industriegebieten mit einem durchschnittlichen Flächenvolumen von 0,7 ha. Dabei ist zu vermuten, daß die Flächenansprüche ostdeutscher Bewerber deutlich hinter den Vorstellungen westdeutscher Interessenten zurückbleiben.

3.1.3 Stand der Bearbeitung von Standortanfragen in den Städten

Der Stand der Bearbeitung der von den Unternehmen eingegangenen Standortanfragen ist in den Städten sehr unterschiedlich. Als die ersten Interviews zu Beginn des Forschungsvorhabens durchgeführt wurden, gab es - mit Ausnahme von Potsdam - in keiner der Fallstudienstädte eine exakte und vollständige Übersicht über die eingegangenen Anfragen. Es gab weder eine systematische Sichtung noch eine vorläufige oder gar abschließende Bewertung, wieviele der eingegangenen Anfragen überhaupt ernstzunehmende Investitionsvorhaben sein könnten. Lediglich für das Gebiet des Berliner Umlandes sind die bei den Kommunen eingegangenen Standortanfragen - angestoßen durch die Arbeit des Provisorischen Regionalausschusses - bereits im Frühjahr 1990 systematisch erfaßt sowie laufend ergänzt und ausgewertet worden.

Die eingegangenen Standortanfragen werden grundsätzlich in den Wirtschaftsförderungsämtern der Kommunen gesammelt und gesichtet. Eine Vorauswahl und Bewertung erfolgt ebenfalls durch das Amt für Wirtschaftsförderung. Für die Prüfung der Standortanfragen werden teilweise externe Berater hinzugezogen. Eindeutige Kriterien für die Prüfung der Bonität der Firmen gibt es bislang noch nicht. Allerdings spielt das örtliche Produktionsprofil, also die Frage der Einpassung in die vorhandene Wirtschaftsstruktur bzw. deren Verbesserung, meist ebenso eine Rolle wie die voraussichtliche Zahl der zu schaffenden Arbeitsplätze und das voraussichtliche Gewerbesteueraufkommen.

Obwohl das Interesse von Investoren die Realisierungsmöglichkeiten der Vorhaben in den Städten übersteigt - in praktisch allen Fällen um ein Mehrfaches -, geht die konkrete

Tabelle 7

**Standortwünsche ostdeutscher Firmen in Schwerin
im Januar 1991**

Baugebiet	Bewerber[1]		Flächenbedarf ha	
	absolut	in vH	absolut	in vH
Kerngebiet MK	52	25,9	22,9	18,1
Mischgebiet MI	36	17,9	11,6	9,2
Gewerbegebiet GE	94	46,7	45,6	36,0
Industriegebiet GI	11	5,5	29,6	23,4
Sondergebiet SO	8	4,0	16,9	13,3
Insgesamt	201	100,0	126,6	100,0

1) Angaben für 201 von 456 Unternehmen.
Quelle: Stadtverwaltung Schwerin.

Umsetzung der Projekte sehr schleppend voran. Die wichtigsten Gründe hierfür sind

- die immer noch ungelöste Eigentumsfrage,
- der Mangel an disponiblen Gewerberäumen und Gewerbeflächen vor Ort,
- die unzureichende Ausstattung der Kommunalverwaltungen mit Personal, Finanzen und technischer Infrastruktur,
- die fehlenden planungsrechtlichen Voraussetzungen,
- das Fehlen von kommunalpolitischen Leitlinien zur Entwicklung der Städte,
- die mangelnde Übung der neuen Stadtverwaltungen im Umgang mit westlichen Investoren und Unsicherheiten bei der Prüfung der Investitionsvorhaben.

Insbesondere die weitverbreiteten Unsicherheiten in der Kommunalverwaltung, die sich erst durch einen "trial and error"-Prozeß reduzieren werden, tragen gegenwärtig noch dazu bei, daß mit den vorliegenden Investitionsangeboten eher vorsichtig und restriktiv umgegangen wird. So gab es denn zunächst auch keine systematische Nachbearbeitung der vorliegenden Offerten mit dem Ziel, die Spreu vom Weizen zu trennen, weil die vorliegenden Informationen über das geplante Investitionsvorhaben häufig unzureichend waren und entsprechende Bewertungskriterien fehlten. Um den Informationsstand der Kommunen zu verbessern und den vorhandenen Unsicherheiten zumindest teilweise abzuhelfen, wurde in einer vom DIW geleiteten Arbeitsgruppe, der die Ressorts für Wirtschaft und Stadtentwicklung des Senats und des Magistrats von Berlin sowie der Bezirksverwaltungsbehörden der ehemaligen DDR-Bezirke Potsdam und Frankfurt/Oder angehörten, eine Checkliste "Standortanfragen von Investoren" zur Erhebung von Daten über die Firma, das geplante Investitionsvorhaben und die Anforderungen des Unternehmens an den Mikro-Standort erarbeitet[15]. Die Teilnehmer der Arbeitsgruppe waren sich einig, daß eine solche Checkliste vor allem die Funktion haben sollte, den Kommunen der neuen Bundesländer die Möglichkeit zu geben, den Bedarf, die Dringlichkeit und die Realisierungschancen unternehmerischer Investitionsvorhaben zu beurteilen. Um ein möglichst einheitliches Vorgehen der Kommunen in der Region Berlin-Brandenburg zu erreichen, wurde diese

---

[15]Diese Checkliste ist in der Zwischenzeit vom DIW in einen Fragebogen zu den geplanten Investitionsvorhaben westdeutscher Investoren in den neuen Bundesländern umgearbeitet worden (vgl. Anhang 3).

Checkliste sowohl den Regierungsbeauftragten der Bezirke als auch dem Provisorischen Regionalausschuß zur Kenntnis und weiteren Verwendung vorgelegt[16].

In den Fallstudienstädten Potsdam und Schwerin wird der vom DIW entwickelte Fragebogen für Investoren inzwischen verwendet. So sind in Schwerin alle anfragenden Unternehmen nachträglich aufgefordert worden, den Fragebogen auszufüllen. Bis Anfang des Jahres 1991 hatten dies mehr als 50 vH der Unternehmen getan. Von den insgesamt 1 400 Anfragen waren 750 bearbeitet und in einem Personalcomputer gespeichert, darunter 450 Anfragen von ostdeutschen und 300 von westdeutschen oder ausländischen Unternehmen. Gleichwohl sind erst ein halbes Dutzend Investitionsvorhaben in der Verwaltung oder im Stadtrat diskutiert worden. Dabei handelte es sich vorrangig um Handelseinrichtungen, für die gegenwärtig Kriterien formuliert werden, um ihre Stadtbild- und Wirtschaftsstrukturverträglichkeit sicherzustellen.

In Parchim waren Ende November 4 Projekte für Kaufhallen entschieden, was für die kleine Stadt relativ viel ist. Auch in Potsdam lagen im November 1990 für 4 Projekte Beschlußempfehlungen vor: Neben einem Hotel und zwei Verkaufseinrichtungen soll auch ein größeres Kongreßhotel im Verbund mit einem Verwaltungszentrum realisiert werden. Für weitere 34 Projekte war der Entscheidungsprozeß relativ weit vorangeschritten. Hier gab es allerdings noch Unsicherheiten in bezug auf die Frage, ob Alternativangebote eingeholt werden müßten.

In Riesa war Ende November 1990 lediglich das Projekt für eine größere Verkaufseinrichtung entschieden, die das Kernstück des geplanten "Riesa-Parks", ein Einkaufs- und Dienstleistungszentrum, bildet. In Dresden wurde Mitte Dezember 1990 die Zahl der entschiedenen Projekte mit etwa einem Dutzend bezeichnet. Dabei handelt es sich neben einer Tankstelle, die bereits seit Mitte des Jahres eröffnet hat, vor allem um Standorte für Billiganbieter und um die Ausschreibung von städtebaulichen Wettbewerben zur Errichtung von Einkaufszentren. Auch ein Projekt aus dem produzierenden Gewerbe stand kurz vor der Entscheidung.

---

[16]Der Provisorische Regionalausschuß hat im November 1990 beschlossen, den Kreisen und Gemeinden in den Bezirken Frankfurt/Oder und Potsdam zu empfehlen, den erarbeiteten Fragebogen von allen standortsuchenden Unternehmen ausfüllen zu lassen, um detaillierte Informationen für eine möglichst sorgfältige Bewertung der geplanten Projekte zu erhalten.

In Brandenburg schließlich gelang mit der Ansiedlung der Heidelberger Druckmaschinen AG die Realisierung eines ersten gewerblichen Investitionsvorhabens von Rang. In einer gemeinsamen Pressekonferenz der brandenburgischen Landesregierung und der Wirtschaftsförderung Berlin GmbH, die an der Vermittlung der Ansiedlung beteiligt war, hieß es, das Werk werde in einer ersten Ausbaustufe 500 Mill. DM investieren und 2 000 Arbeitsplätze schaffen[17]. Die Investitionssumme wurde inzwischen verdoppelt[18]. Auch erste Schulungen für die künftigen Arbeitskräfte sind mit Beginn des Jahres 1991 angelaufen. Damit kann die Existenz zunächst eines Teils der ehemals 8 500 Beschäftigten des Stahl- und Walzwerkes gesichert werden. Rund zwei Drittel der Beschäftigten des Stahl- und Walzwerkes sind im sogenannten alten Werk beschäftigt. Vor allem sie sind von Entlassung betroffen oder bedroht und hätten sonst kaum eine Beschäftigungsalternative. Die siedlungsstrukturelle Kehrseite dieses Ansiedlungserfolges ist die Baureifmachung einer 90 ha großen, gegenwärtig noch landwirtschaftlich genutzten Fläche an der städtischen Peripherie, ohne daß zuvor Recyclingkonzepte für die voraussichtlich brachfallenden Flächen des Stahl- und Walzwerkes entwickelt und erörtert werden konnten.

Nur kurze Zeit nach diesem spektakulären Ansiedlungserfolg der Stadt Brandenburg wurde bekannt, daß das Getriebewerk Brandenburg von der Zahnradfabrik Friedrichshafen übernommen werden soll[19]. Dadurch könnten Arbeitsplätze für zunächst 600 Beschäftigte gesichert werden. Neben diesen wichtigen Industrieansiedlungen gab es in Brandenburg sonst lediglich eher unbedeutende Entscheidungen zur Standortvergabe an Handelsbetriebe von "HO" und "Konsum".

3.1.4 Kritische Bewertung der Standortanfragen

Das Interesse auch westlicher Unternehmen an Investitionsstandorten in Städten der ehemaligen DDR ist offenbar sehr hoch, wenngleich es sich mehr auf den Absatz von Gütern und Dienstleistungen konzentriert als auf Bereiche der Produktion. Die Zahl der

---

[17] Vgl. Artikel "Heidelberger Druckmaschinen AG baut großes Werk in Brandenburg". In: Der Tagesspiegel vom 14.12.1990.

[18] Vgl. Artikel "Heidelberger Druck: eine Milliarde für Brandenburg". In: Berliner Morgenpost vom 27.02.1991.

[19] Vgl. Artikel "Zahnradfabrik Friedrichshafen kauft Getriebewerk Brandenburg". In: Der Tagesspiegel vom 25.01.1991.

insgesamt vorhandenen Interessenten ist von durchaus beachtlicher Quantität. Allerdings sind erst wenige Investitionsvorhaben in der Realisierungsphase. Insgesamt läßt sich folgende zusammenfassende Bewertung der Standortanfragen von Investoren vornehmen:

- In einer ersten Phase nach der Wende in der ehemaligen DDR ist den staatlichen und kommunalen Entscheidungsträgern eine Vielzahl von Projekten westlicher Unternehmen präsentiert worden, die zu einem großen Teil mit irrealen Flächenansprüchen verbunden waren und in einem deutlichen Kontrast zu den tatsächlichen Möglichkeiten der Kommunen standen.

- Läßt man die sicherlich nicht unbeträchtliche Zahl spekulativer Vorhaben außer acht, so suchen westliche Unternehmen in den Kommunen der ehemaligen DDR "sichere" Standorte, deren planungsrechtliche und eigentumsrechtliche Gegebenheiten geklärt sind. Da es für den Bereich der Innenstädte in aller Regel noch an städtebaulichen Nutzungskonzepten fehlt und die Eigentumsproblematik hier besonders krass zutage tritt, ist eine deutliche Tendenz zur Verlagerung des Standortinteresses an die Peripherie zu beobachten.

- Angesichts der noch bestehenden Knappheit an disponiblen Gewerbeflächen werden keine übertriebenen Ansprüche an die infrastrukturelle Erschließung oder das städtebauliche Umfeld gestellt. In den Verwaltungen der untersuchten Städte herrscht der Eindruck vor, daß westliche Investoren im Falle der Bereitstellung eines Grundstücks die zur Realisierung des Investitionsvorhabens erforderlichen Infrastrukturarbeiten weitgehend miterledigen würden.

- Zwar ist grundsätzlich eine Tendenz zu beobachten, daß Sanierungsgebiete von den Investoren noch gemieden werden. Handelt es sich aber um gute, entwicklungsfähige Standorte, so spielt offenkundig weder die Gebäudesubstanz noch das städtebauliche Umfeld für die standortsuchenden Unternehmen eine Rolle. Allerdings konzentriert sich die Standortsuche insbesondere der namhaften Kreditinstitute bisher noch weitgehend auf attraktive Innenstadtbereiche mit hohem Publikumsverkehr.

- Das relativ geringe Interesse von Unternehmen des produzierenden Gewerbes dürfte nicht nur mit den längeren Planungsvorlaufzeiten für derartige Projekte, sondern auch mit den höheren Standortanforderungen zusammenhängen. Hervorzuheben sind hier zunächst die erforderlichen größeren Flächen und die damit verbundenen größeren Probleme mit ungeklärten Eigentumsverhältnissen, die oft auch durch die notwendige Koordinierung der Interessen mehrerer bereits feststehender oder möglicher Eigentümer zusätzlich kompliziert werden.

- Wegen der bislang noch offenkundigen Diskrepanz zwischen dem hohen Interesse der Kommunen an der Errichtung von Produktionsstätten und der geringen Zahl entsprechender Investitionsvorhaben befinden sich standortsuchende Unternehmen des produzierenden Gewerbes in einer weitaus günstigeren Verhandlungsposition gegenüber den Kommunen als Unternehmen des Handels- und Dienstleistungsbereichs. Dieser Verhandlungsvorteil wird offenkundig auch in erhöhte Anforderungen an Umfang und Qualität der bereitzustellenden Flächen sowie an das städtebauliche Umfeld umgesetzt. In Kenntnis ihrer Verhandlungsposition üben deshalb einzelne Investoren auch erheblichen Druck auf die Städte und Gemeinden aus, die noch landwirtschaftlich genutzten Flächen auf der "grünen Wiese" möglichst schnell als Gewerbegebiet auszuweisen und die Privateigentümer entweder zum Verkauf zu veranlassen oder die Flächen im Auftrage des ansiedlungswilligen Unternehmens zunächst selbst zu erwerben und zu einem günstigen Preis an die Firma weiterzuveräußern.

- Schließlich sind die Anforderungen an die technische Infrastruktur bei Industriebetrieben sehr hoch. Fragen der Ent- und der Versorgung von und mit Wasser, aber auch der Versorgung mit Energie, scheinen deshalb von besonderer Bedeutung für Produktionsentscheidungen in der ehemaligen DDR zu sein. Hinzu kommt die Notwendigkeit des Ausbaus der Verkehrsinfrastruktur, damit vor allem der Schwerlastverkehr leichteren Zugang zu den Industriestandorten erhält.

- Während großflächige Einzelhandelsbetriebe und Produktionsunternehmen vor allem Standorte an der Peripherie der Städte oder in neuerschlossenen Gebieten suchen, drängen Dienstleistungsunternehmen, allen voran Banken und Versicherungen, in die Innenstädte. In fast allen untersuchten Städten bestehen in diesem Zusammenhang Probleme mit dem Denkmalschutz. Während in Dresden zum einen wegen der Möglichkeiten des Neubaus angesichts zahlreicher Baulücken, zum anderen wegen der offenbar engen und verständnisvollen Zusammenarbeit der Investoren mit der Stadtplanung beiderseits zufriedenstellende Lösungen sich abzeichnen, sind die Probleme in Potsdam und in Brandenburg größer. Hier ist vor allem der relativ kleine Grundrißzuschnitt der Altstädtegebäude aus der Sicht der interessierten Unternehmen ein erhebliches Hemmnis für die Durchführung der geplanten Investitionen.

3.2 Analyse der Angebotssituation
3.2.1 Art und Umfang der Flächenangebote in den Städten

Planungsrechtlich ausgewiesene und infrastrukturell erschlossene Gewerbeflächen sind zentrale Engpaßfaktoren für die Durchführung von Investitionsvorhaben in der ehemaligen DDR. Die Kommunen haben keine Übersicht darüber, welche Flächen innerhalb ihrer Gemarkung für gewerbliche Nutzungen überhaupt zur Verfügung stehen. Ein Flächenkataster, das für jedes zusammenhängende Gewerbegebiet oder auch für Einzelflächen Informationen über die Flächengröße, die Verkehrsanbindung, den Stand der Bauleitplanung, den Grad der Erschließung, die Eigentumsverhältnisse und die Verfügbarkeit enthält, gibt es im allgemeinen nicht. Die meisten Kommunen haben noch nicht einmal die ihnen gehörenden Flächen identifiziert.

Einen ersten Versuch zur Formulierung von Leitbildern für die künftige räumliche Entwicklung und zur Ermittlung der verfügbaren gewerblichen Flächen wurde im Großraum Berlin durch die Planungsgruppe Potsdam im Auftrage des Provisorischen Regionalausschusses gemacht[20]. Diese Untersuchung zeigt, daß im Umland von Berlin lediglich an sieben Standorten innerhalb eines relativ kurzfristigen Zeitraumes von etwa ein bis zwei Jahren (sogenannter erster Zugriff) Gewerbeflächen in der Größenordnung von 340 ha zur Verfügung stehen (vgl. Tabelle 8). Zur Erschließung und Bebaubarkeit der Standorte ist aber sowohl der Ausbau der technischen Infrastruktur als auch die Schaffung der nötigen planungsrechtlichen Voraussetzungen erforderlich.

Für Potsdam zeigt die Untersuchung, daß mittelfristig mit der Baureifmachung von etwa 170 ha gewerblichen Bauflächen gerechnet wird. Nach den Ermittlungen des Regionalausschusses stehen diese Flächen aber allenfalls im Rahmen eines "zweiten Zugriffs", also mittelfristig, zur Verfügung. Die Flächen sind vor allem im Norden der Stadt geplant.

---

[20] Provisorischer Regionalausschuß, Planungsgruppe Potsdam: Grundlagen und Zielvorstellungen für die Entwicklung der Region Berlin, 1. Bericht - 5/90.

Tabelle 8

Verfügbarkeit gewerblicher Bauflächen
im Umland von Berlin am Jahresanfang 1990

Standort	Fläche ha		
	1. Zugriff	2. Zugriff	Insgesamt
Velten	49		49
Falkensee		37	37
Potsdam		169	169
Teltow/Stahnsdorf	9	63	72
Ludwigsfelde	58		58
Rangsdorf		17	17
Wildau		16	16
Fürstenwalde	60	76	136
Rüdersdorf	20	170	190
Strausberg	120	210	330
Bernau	25	53	78
Insgesamt	341	811	1 152

Quelle: Zusammengestellt nach Angaben des Provisorischen Regionalausschusses, Planungsgruppe Potsdam.

Im übrigen sind die Kommunen erst dabei, detaillierte Informationen sowohl über die vorhandenen Baulücken als auch über den Umfang der den Betrieben und ehemaligen Kombinaten gehörenden Reserveflächen zu erstellen. Abschließende Informationen zu den Flächenangeboten gab es zum Zeitpunkt der Befragungen in keiner der sechs Fallstudienstädte. Hinweise auf die Notwendigkeit solcher Informationen, die eine Entscheidungsgrundlage für die politischen Gremien über die Ansiedlung von Unternehmen bzw. über die Notwendigkeit der Ausweisung neuer Flächen seien, wurden damit beantwortet, daß die Verwaltungen für diese Aufgabe kaum oder gar kein Personal hätten.

Ungeachtet der noch ungenügenden Informationsbasis läßt sich sagen, daß in den Städten grundsätzlich nur wenige disponible Flächen zur Verfügung stehen und daß der Handlungsspielraum der Kommunen zur kurzfristigen Realisierung von Investitionsprojekten westlicher Unternehmen damit außerordentlich beschränkt ist. Die Hoffnungen der Kommunen richten sich deshalb teilweise auf freiwerdende Gelände der ehemaligen NVA und der sowjetischen Streitkräfte. Bei diesen Flächen besteht indessen die Gefahr, daß sie in hohem Maße kontaminiert sind, so daß sich hier das Altlastenproblem, das angesichts der finanziellen Engpaßsituation in den neuen Bundesländern kurzfristig kaum gelöst werden dürfte, als gravierendes Investitionshemmnis herausstellen wird.

Aber auch Reserveflächen der früheren Kombinate, die nach Ansicht der Kommunen kommunales Eigentum sind, stehen nicht ohne weiteres zur Verfügung. Diese Flächen befinden sich in der Rechtsträgerschaft der Treuhandanstalt, deren Aktivitäten von den Kommunen in ungewöhnlich scharfer Form kritisiert werden, weil die kommunalen Interessen von der Treuhandanstalt bislang vollkommen vernachlässigt worden seien. Inzwischen zeichnet sich hier aber eine gewisse Entspannung und der Versuch einer Kooperation zwischen den Städten und den Niederlassungen der Treuhandanstalt ab.

Das gegenwärtige Dilemma der Städte und Gemeinden in den neuen Bundesländern besteht darin, daß es eine Flächenangebotsplanung, wie sie für Städte und Gemeinden in den Alt-Bundesländern typisch ist, nicht gab. So gab es z. B. bei Standortentscheidungen von zentral geleiteten Kombinaten früher eine Anfrage des jeweiligen Fachministeriums an die Bezirksplankommission im Hinblick auf die von den Kommunen bereitzustellenden Flächen. Über die erforderliche Standortbestätigung oder -genehmigung hat dann auch die Bezirksplankommission entschieden. Aufgrund der zentral geleiteten Planungsvorgaben stehen den Kommunen deshalb heute nur ausnahmsweise erschlossene Gewerbeflächen für eine aktive Wirtschaftsförderungsstrategie zur Verfügung. Allerdings werden von den Kommunen in den neuen Bundesländern erhebliche Anstrengungen unternommen, um diese Situation zu ändern. So hat z. B. die Bezirksverwaltungsbehörde Schwerin in Zusammenarbeit mit den Kommunen und Kreisverwaltungen für das Gebiet des Bezirkes Schwerin einen ersten Standortkatalog für Investoren erarbeitet, in dem ausgewählte Gewerbegebiete in den Städten und Gemeinden des Bezirkes beschrieben werden[21]. Für das Gebiet der Landeshauptstadt Schwerin werden darin z. B. vier Gewerbe- und Industriestandorte dargestellt und ausführlich beschrieben.

3.2.2 Maßnahmen zur Angebotsanpassung

Die in den Fallstudienstädten eingeleiteten Maßnahmen zur Anpassung des Flächenangebotes an die vorhandene Nachfrage zielen sowohl auf die Erfassung der Baulücken einschließlich der Ausschreibung von Investorenauswahlverfahren oder von städtebaulichen Wettbewerben als auch auf die Aufstellung von Bebauungsplänen für neue Wohn- und Gewerbegebiete in planungsrechtlich und infrastrukturell bisher nicht oder wenig erschlossenen Gebieten der Stadt.

3.2.2.1 Bauleitplanung

Eine Flächenangebotsplanung nach bundesdeutschem Recht kommt in den Kommunen der neuen Länder erst allmählich in Gang. Dieser Prozeß ist sehr mühsam, weil es praktisch keine städtebaulichen Planungsvorgaben gibt. Diese müssen vielmehr erst von den Verwaltungen erarbeitet und im politischen Konsensbildungsprozeß entschieden werden.

In einem Interview mit der Berliner Morgenpost bekundete der Potsdamer Stadtrat für Stadtentwicklung, Wirtschaft und Gewerbe, daß bei seinem Amtsantritt im Mai 1990 im Bereich der Stadtplanung "Tabula rasa" geherrscht habe[22]. Diese Aussage ist symptomatisch für die Planungssituation in allen Städten und Gemeinden der neuen

---

[21] Der Bezirk Schwerin - ein attraktiver Standort für anspruchsvolle Investoren, erarbeitet vom Amt für Regionalentwicklung in Zusammenarbeit mit den Kommunen und Kreisverwaltungen, Schwerin, im Juli 1990.

[22] Vgl. Berliner Morgenpost vom 30.12.1990.

Bundesländer. Die bisherigen Planungen, insbesondere die Generalbebauungspläne aus der Zeit vor der Wende, bieten zwar eine Grundlage für neue Überlegungen und sind teilweise auch als Flächennutzungspläne nach dem neuen Recht "übergeleitet" worden. Sie entsprechen jedoch meist nicht den aktuellen Bedingungen und werden zumindest in Teilbereichen ergänzt oder neu gefaßt.

Im einzelnen gibt es in den Städten folgenden Planungsstand:

Schwerin

Die Stadt hat bis Ende 1990 ein Konzept für einen Flächennutzungsplan erarbeitet, das aber vom Magistrat bei Abschluß der Untersuchung noch nicht bestätigt war. Auf der Grundlage dieser Flächennutzungskonzeption, die strategische Überlegungen zur künftigen Stadtentwicklung enthält, werden einzelne Bebauungspläne aufgestellt.

Bereits im Mai 1990 hat der Rat der Stadt Schwerin eine Ausschreibung für vier Standorte veröffentlicht:

- Erweiterung des Industriegebietes Süd,
- Wohnungsneubau- und Gewerbestättengebiet Krebsförden,
- Wohnungsneubaugebiet (Eigenheime) und Gewerbestättengebiet Lankow/Neumühle,
- Erweiterung des Industriegebietes Görries.

In der Ausschreibung hieß es, daß die künftige Entwicklung der Landeshauptstadt Schwerin "nur durch die Bereitstellung der erforderlichen Arbeitsplätze und Wohnungen für die bereits jetzt in der Stadt ansässige Bevölkerung gesichert werden (kann). Dazu ist neben der verstärkten Sanierung der bestehenden Bausubstanz bei gleichzeitiger Entflechtung der Funktionsüberlagerungen in den innerstädtischen Bereichen das Angebot extensiver Bebauungsflächen für den Wohnungsneubau, die Erholung und Freizeitgestaltung sowie die Entwicklung von klein- und mittelständischen Gewerbe- und Industriebetrieben notwendig"[23]. Entsprechend den Empfehlungen des Runden Tisches habe der Rat der Stadt Schwerin deshalb die im einzelnen benannten Flächen förmlich ausgewiesen.

---

[23] Vgl. Der Bezirk Schwerin - ein attraktiver Standort für anspruchsvolle Investoren.

Zwischenzeitlich wurden förmliche Beschlüsse der Stadtverordnetenversammlung der Stadt Schwerin für zwei Gebiete gefaßt:

- Neubaugebiet Krebsförden[24]: Hier ist hauptsächlich Wohnungsbau geplant, jedoch ergänzend auch ein Hotel, Freizeiteinrichtungen, Gastronomie und eine Schule.

- Gewerbegebiet Schwerin/Süd I[25]: Hierbei handelt es sich um die Erweiterung eines alten Gewerbegebietes, das später unter Einbeziehung von Flächen der Nachbargemeinden vergrößert werden soll. Die Flächen gehören der Stadt. Die Erschließung erfordert ein Finanzvolumen in Höhe von 10 Mill. DM, das vollständig aus dem Förderprogramm zur Verbesserung der wirtschaftsnahen Infrastruktur im grenznahen Bereich finanziert wird.

Neben diesen Gebieten sind zwei als Sondergebiet ausgewiesene Flächen sowie ein gegenwärtig noch als Armeegelände genutzter Bereich für Gewerbeansiedlungen vorgesehen. Mit Ausnahme der Armeefläche befinden sich alle ausgewiesenen Wohn- und Gewerbegebiete mehr oder weniger an der Peripherie der Stadt Schwerin. Die ausgewiesenen Flächen gehören teils Privaten, teils der Stadt.

Schließlich wurde für den gesamten Innenstadtbereich eine Erhaltungssatzung beschlossen[26], um die städtebauliche Gestalt und Eigenart der Schweriner Innenstadt zu bewahren. Die künftige städtebauliche Entwicklung Schwerins wird sich in den nächsten Jahren voraussichtlich um den Pfaffenteich konzentrieren. Auf dessen östlicher Seite befindet sich die sogenannte Schelfstadt, die als förmliches Sanierungsgebiet festgelegt wurde. Sie ist ein potentielles Erweiterungsgebiet für das Stadtzentrum.

Parchim

In Parchim wird gegenwärtig an der Erstellung eines Flächennutzungsplanes gearbeitet. Neu erstellt wurde 1990 ein sogenannter Stadtbebauungsplan. Um künftige Baumaßnahmen im Einklang mit der vorhandenen städtebaulichen Struktur durchzuführen und den Erhalt des

---

[24]Vgl. Amtliche Mitteilungen der Stadtverwaltung Schwerin 3/90 vom 01.11.1990.

[25]Vgl. Amtliche Mitteilungen der Stadtverwaltung Schwerin 4/90 vom 19.12.1990.

[26]Vgl. Amtliche Mitteilungen der Stadtverwaltung Schwerin 3/90 vom 01.11.1990.

historischen, mittelalterlichen Stadtkerns sicherzustellen, wurde von der Stadt eine Erhaltungssatzung beschlossen. Sie sieht u. a. vor, daß die Bauweise bei Neubauten dem Charakter der Innenstadt angemessen sein muß. Bei Sanierungsmaßnahmen soll die Fassade der Gebäude möglichst weitgehend erhalten bleiben, während die Grundrisse nicht unbedingt eingehalten werden müssen.

Im November 1990 gab es ein konkret ausgewiesenes Gewerbegebiet, drei weitere waren "angedacht". Das Gewerbegebiet befindet sich am nordwestlichen Ausgang der Stadt. Es hat eine Größe von 36,7 ha, von denen etwa 7 ha der Stadt gehören, während sich der Rest auf 23 Eigentümer verteilt. Die Stadt Parchim führte zum Zeitpunkt der Untersuchung Kaufverhandlungen mit den Eigentümern durch. Für die Erschließung des Gebietes stellt das Land Mecklenburg-Vorpommern Fördermittel in Höhe von 7,5 Mill. DM zur Verfügung, wenn es zu mindestens 51 vH für Zwecke des produzierenden Gewerbes genutzt wird.

Die übrigen "angedachten" Gewerbeflächen, die sich alle an Ausfallstraßen befinden, umfassen bislang noch unerschlossenes Gelände von rund 70 ha, das sich teils im Eigentum der Stadt, teils in Privateigentum befindet.

Potsdam

Die Stadt Potsdam verfügt über einen alten Generalbebauungsplan, der im Rahmen der bundesdeutschen Bauleitplanung als Flächennutzungsplan anerkannt wird. Dieser bereits im Jahre 1977 beschlossene Plan wurde seither ständig fortgeschrieben und wird gegenwärtig - mit gewissen Lücken - als Arbeitsgrundlage für die weitere Entwicklung verwendet. Beschlüsse zur Aufstellung von Bebauungsplänen durch die Stadtverordnetenversammlung der Stadt Potsdam erfolgten erst in wenigen Fällen. In zwei Fällen handelt es sich dabei um Bebauungsplanverfahren, für die eine städtebauliche Neuordnung der Flächen für gewerbliche und sonstige Nutzungen ("Horstweg-Süd") bzw. Lückenschließungen für Wohn- und Gewerbezwecke vorgesehen sind.

Gewerbestandorte für Investoren gibt es bisher vor allem im Südosten der Stadt in den Bereichen Nuthestraße/Drewitz, Neue Waldstadt und Horstweg. Der Magistrat hofft darüber hinaus auf die kurzfristige Übernahme einiger der in Potsdam zahlreichen Armeegelände für Gewerbeansiedlungen und hat hierzu Kontakte mit der Bundesvermögensverwaltung aufgenommen.

Als ein Flop erwies sich zunächst die Ausschreibung eines internationalen Investoren-Wettbewerbs in Milliardenhöhe für ein sogenanntes City-Center in Potsdam-Babelsberg. Das Projekt sah vor, daß gegenüber der Nikolaikirche, jenseits der Havel, auf einem 7,5 ha großen Grundstück ein Wohn-, Geschäfts- und Freizeitzentrum entstehen sollte. Insgesamt geht es um die Gestaltung einer rund 15 ha großen Fläche (einschließlich der nicht zu bebauenden Gebiete). Bei der Prüfung der 47 eingegangenen Angebote stellte sich heraus, daß das großangelegte Projekt zunächst nicht realisiert werden kann, weil die Ausschreibung ohne städtebaulichen Rahmenplan erfolgt war und "die für seriöse Investoren uninteressanteste Ecke des Geländes"[27] ausgesucht worden war. Als besonderes Problem stellte sich heraus, daß der Wettbewerb auch Flächen zum Gegenstand hatte, die gegenwärtig noch von der Deutschen Reichsbahn genutzt werden. Eine Entscheidung über eine anderweitige Nutzung der Reichsbahn-Betriebsanlagen erfordert indessen erst eine Aussage zur Verkehrsplanung für die S-Bahnstrecke von Berlin nach Potsdam und die Schnellbahn Berlin-Magdeburg-Hannover. Die Stadt will nunmehr den fehlenden Rahmenplan von einem westdeutschen Planungsbüro erstellen lassen. Außerdem ist daran gedacht, für dieses spezielle Vorhaben eine Entwicklungsgesellschaft zu gründen, in der die Stadt Potsdam, die Reichsbahn und andere Interessenten vertreten sein sollen.

Brandenburg/Havel

Eine vollständige Übersicht über gewerbliche Bauflächen gab es zum Zeitpunkt der Interviews in Brandenburg ebensowenig wie in den anderen Fallstudienstädten. Einige Gewerbeflächen sind inzwischen allerdings als solche ausgewiesen und durch Beschluß der Stadtverordnetenversammlung bestätigt worden. Sie liegen vor allem im Norden der Stadt, wo sich die Heidelberger Druckmaschinen AG auf einer Fläche von 60 ha (mit einer Option für weitere 30 ha) niederlassen will. Diese Flächen gehören bzw. gehörten etwa zwei Dutzend privaten Eigentümern. Voraussetzung für die Ansiedlungsentscheidung der Heidelberger Druckmaschinen AG war der Ankauf dieser Flächen durch die Stadt.

---

[27]Vgl. Artikel "Ausschreibung für das City-Center erfolgte zu früh". In: Der Tagesspiegel vom 08.02.1991.

Als künftige Gewerbefläche kommt ferner das Areal des Stahl- und Walzwerkes (Altwerk) in Betracht, weil der Betrieb dort in dem bisherigen Umfang nicht weitergeführt werden kann. Bevor diese Flächen indessen für Neuansiedlungen angeboten werden können, ist das Ausmaß vorhandener Kontaminationen und die Frage ihrer Beseitigung zu prüfen.

Ansonsten wird die Frage, welche Flächen in der Stadt für gewerbliche Nutzungen zur Verfügung stehen, auf der Basis konkreter Investitionsvorhaben einzeln geklärt.

Dresden

Der bisherige Flächennutzungsplan für das Stadtgebiet aus dem Jahr 1988 soll grundsätzlich fortgelten. Gewerbe- und Industriegebiete waren darin allerdings nicht ausgewiesen. Deshalb hat die Stadtverordnetenversammlung der Stadt Dresden in ihrer Sitzung am 20.09.1990 beschlossen, den ansonsten fortgeltenden Flächennutzungsplan zu ändern und für im einzelnen ausgewiesene Gebiete Bebauungspläne aufzustellen[28]. Dabei handelt es sich um 48 Teilflächen, unter denen sich 20 GE- und GI-Flächen befinden, ferner 13 Wohnbauflächen, 4 Gemeinbedarfsflächen, 7 Sonderflächen für Erholung sowie 4 Flächen für Versorgungsanlagen. Nach Bekanntgabe dieser Planung hat in Dresden eine starke Grundstücksspekulation eingesetzt. Dies ist für die städtische Gewerbepolitik umso schmerzlicher, als sich unter den in Planung befindlichen Gewerbegebieten nur ganz wenige städtische Flächen befinden. Der größte Teil gehört privaten Eigentümern, die inzwischen offenkundig völlig irreale Vorstellungen über die bei einem möglichen Grundstücksverkauf zu erlösenden Bodenpreise haben.

Eine der ersten planerischen Aktivitäten der Stadtverwaltung Dresden war die Ausweisung von 15 Standorten für die Errichtung von Leichtbauhallen für bundesdeutsche Billiganbieter[29]. Angesichts des enormen Baudrucks in Dresden faßte die Stadtverordnetenversammlung in einer einzigen Sitzung 41 Aufstellungsbeschlüsse für Satzungen und Bebauungspläne[30]. Geplant ist, die Bebauungspläne innerhalb eines Jahres zu verabschieden - ein für westdeutsche Großstädte bislang kaum vorstellbares Tempo. Ob diese

---

[28]Vgl. Dresdner Amtsblatt Nr.15/90 vom 01.10.1990.

[29]Vgl. Amtsblatt der Stadtverwaltung Dresden, 6. Ausgabe vom 27.07.1990.

[30]Vgl. Artikel "Prager Straße soll weitergebaut werden", in: Sächsische Zeitung vom 15./16.12.1990.

Absicht umgesetzt werden kann, muß angesichts der unzureichenden Planungskapazität der Stadt bezweifelt werden. Von den Gesprächspartnern in der Stadtverwaltung wurde darauf verwiesen, daß es gegenwärtig in Dresden nur ca. 20 kommunale Architekten für Fragen der Stadtplanung gäbe, bei denen eine weitere Abwanderung in die Privatwirtschaft zu befürchten sei. Im Gegensatz dazu gäbe es etwa 500 private Architekten, die im Auftrage großer Development-Gesellschaften und anderer Investoren in der Stadt aktiv seien. Angesichts des großen Entscheidungsdrucks und der fehlenden städtebaulichen Entwicklungsplanung werde versucht, private Stadtentwicklungsideen für die städtische Planung nutzbar zu machen. Gleichzeitig müßten private Planungen - im Auftrag der Investoren - aber eher gebremst und unter Kontrolle gehalten werden, um die Planungshoheit der Stadt zu gewährleisten.

Riesa

Die Stadt Riesa verfügt über einen Flächennutzungsplan, in dem die zur Verfügung stehenden Gewerbeflächen ausgewiesen sind. Der im Juli 1990 beschlossene Plan ist inzwischen bereits teilweise überarbeitet worden. Unter den ausgewiesenen Gewerbeflächen befinden sich keine, die der Stadt gehören.

Ein erhebliches Flächenpotential bietet das bisherige Stahl- und Walzwerk. Von den acht Siemens-Martin-Öfen arbeitet gegenwärtig nur noch einer, und zwar hauptsächlich für Heizzwecke. Es ist vorgesehen, das Werk nach seiner Stillegung total abzutragen und den Boden gründlich zu sanieren. Die vorhandenen Gebäude sollen dann für Anlagenbau, Maschinenbau und Veredelungsbetriebe, aber auch für Konsumgüterproduktion genutzt werden. Platz wäre auch für die Errichtung eines neuen, kleineren Stahlwerkes mit 1 100 bis 1 500 Arbeitsplätzen - also vergleichsweise wenigen gegenüber den 12 400 Beschäftigten, die im alten Stahlwerk tätig waren.

3.2.2.2 Baulückenschließung

Da die Aufstellung von Bebauungsplänen eine gewisse Zeit erfordert, sind Sofortmaßnahmen nur in zusammenhängend bebauten Ortsteilen möglich, in denen brachliegende Flächen existieren und für die die Aufstellung von Bebauungsplänen gemäß § 34 BauGB entbehrlich ist. So hat der Magistrat der Stadt Potsdam begonnen, einen Baulückenkatalog zu erarbeiten, um die Bautätigkeit zu forcieren. Allein im Innenstadtbereich von Potsdam gibt es zwischen 40 und 50 solcher Baulücken. Die Zahl der Interessenten für die Bebauung dieser Lücken ist - so der Stadtrat für Bau und Wohnen - drei- bis viermal so groß wie die Zahl der Baulücken[31].

Auf der Grundlage eines städtebaulichen Wettbewerbs hat der Magistrat nunmehr eine erste Baulückenschließung für das Gebiet der Dortustraße in der Potsdamer Innenstadt ausgeschrieben[32]. Der ausgeschriebene Standort ist Bestandteil des Sanierungsgebietes "Stadterweiterung Nord" und liegt im Denkmalschutzgebiet der zweiten barocken Stadterweiterung. Er befindet sich im unmittelbaren Einzugsbereich der Einkaufs- und Fußgängerzone Brandenburger Straße. Auf einer Fläche von 4 700 qm sind zweigeschossige Wohn- und Geschäftshäuser geplant, die zu 60 vH für Wohnzwecke und 40 vH für Gewerbe vorgesehen sind. Die Ausschreibungsunterlagen sind von 35 Investoren angefordert worden, allerdings wurden bis zum Ablauf der Bewerbungsfrist lediglich sechs Angebote eingereicht, darunter zwei von Potsdamer Firmen, drei von Westberliner Unternehmen und eines von einer westdeutschen Firma.

Die Durchführung von Maßnahmen zur Baulückenschließung in der Potsdamer Innenstadt stößt auf erhebliche Schwierigkeiten, da der größte Teil der Grundstücke mit Rückübertragungsansprüchen nach dem Gesetz zur Regelung offener Vermögensfragen belegt ist. Das Potsdamer Rechtsamt schätzt, daß für rund 80 vH der Häuser im Innenstadtbereich solche Alt-Vermögensansprüche erhoben worden sind[33]. Auch für das von der Stadt ausgeschriebene Gebiet in der Dortustraße liegen solche Besitzansprüche vor. Dabei konnte mit fünf Eigentümern eine Einigung über das durchzuführende Verfahren erzielt werden, während ein Privateigentümer sich gegen das Investorenauswahlverfahren der Stadt zur Wehr setzt und eine Bebauung in eigener Regie anstrebt. Der Magistrat der Stadt Potsdam ist aber offenkundig willens, in diesem Fall das Gesetz über besondere Investitions-

---

[31] Vgl. Artikel "Großangelegtes Sanierungsprogramm für 1991 in Potsdam geplant". In: Der Tagesspiegel vom 25.11.1990.

[32] Vgl. Amtsblatt der Stadt Potsdam, Jahrgang 2, Nr.1, Januar 1991, S. 6.

[33] Vgl. Artikel "Besitzansprüche auf rund 80 Prozent der Häuser in Potsdams Innenstadt". In: Der Tagesspiegel vom 23.11.1990.

maßnahmen[34] anzuwenden und eine rechtliche Auseinandersetzung mit dem Eigentümer schon aus grundsätzlichen Erwägungen zu riskieren.

Neben konkreten Maßnahmen zur Baulückenschließung hat die Stadtverordnetenversammlung der Stadt Potsdam einen Beschluß über die Durchführung vorbereitender Untersuchungen zur Festlegung von Sanierungsgebieten gefaßt. Betroffen sind zwei Bereiche des ehemaligen historischen Stadtkernes von Potsdam (Holländisches Viertel, Stadterweiterung Nord und Stadterweiterung Süd) sowie zwei Untersuchungsgebiete in Potsdam-Babelsberg. Hauptzweck der Sanierung des historischen Stadtkerns ist die Wiederherstellung seiner Multifunktionalität. Die drei Gebiete des Stadtkerns umfassen die erhaltenen Bebauungen der Barockstadt und sind im wesentlichen Wohn- und Mischgebiete mit enger Verflechtung von Wohnen, Handwerk und Kleingewerbe. Die Gebiete sollen in ihrem früheren Charakter erhalten oder wiederhergestellt werden. Außerhalb des Sanierungsgebiets hat die Stadt zwischenzeitlich ein Gewerbegrundstück mit ca. 26 000 qm Grundstücksfläche an eine Westberliner Gesellschaft zum Zwecke der Errichtung eines Kongreß- und Tagungshotels sowie eines Büroparks mit ergänzenden Einzelhandelseinrichtungen vergeben. Auf einer Bruttogeschoßfläche von ca. 40 000 qm sollen mehr als 1 000 Arbeitsplätze entstehen[35]. Dabei handelt es sich um das erste große Bauvorhaben der Stadt.

Ähnlich wie in Potsdam laufen auch in Brandenburg und Dresden vorbereitende Untersuchungen mit dem Ziel der förmlichen Festlegung von Sanierungsgebieten. Diese Untersuchungen werden größtenteils von Westberliner oder westdeutschen Planungs- und Ingenieurbüros durchgeführt. Daneben gibt es eine Reihe von Einzelmaßnahmen, die vor allem die Ausschreibung von Wettbewerben oder Investorenauswahlverfahren betreffen. Auch in Dresden gehören hierzu vor allem Baulückenschließungen durch Büro- und Geschäftsgebäude in der Innenstadt oder an innenstadtnahen Standorten.

---

[34] Gesetz über besondere Investitionen in der Deutschen Demokratischen Republik (BGBl. 1990 II, S. 1157).

[35] Vgl. Amtsblatt der Stadt Potsdam, Jahrgang 1, Nr. 1 vom 19.12.1990.

3.2.2.3 Sonstige Maßnahmen

Neben den Maßnahmen zur planerischen Ausweisung von Flächen und zur Schließung von Baulücken sind Bemühungen der Städte erkennbar, sich mit der Treuhandanstalt - trotz der bisweilen heftigen Kritik - zu arrangieren und eine gemeinsame Vermarktung von Flächen zu betreiben, die sich in der Rechtsträgerschaft der Treuhand befinden. Eine gewisse "Vorreiterfunktion" hat hierbei das Land Berlin übernommen, dessen angestrebte Kooperation als Modell für andere Regionen geeignet sein könnte: Da die Entscheidungen der Treuhand zum Verkauf von Betrieben und Flächen nach Ansicht der Berliner Senatsverwaltung für Wirtschaft unter Strukturgesichtspunkten letztlich doch sehr willkürlich seien und eine vorausschauende Strukturplanung behinderten, ist vom Berliner Senat die Idee eines Grundstückspools entwickelt worden. Danach will das Land Berlin eine Landesentwicklungsgesellschaft gründen, die in Abstimmung mit der Treuhandanstalt die jetzt noch Treuhand-eigenen Grundstücke an ansiedlungswillige Unternehmen vermarkten könnte[36].

In den drei Landeshauptstädten bestand zum Untersuchungszeitpunkt ein enormer Büroflächenbedarf, dem auch mit Maßnahmen der Baulückenschließung und Funktionsumnutzungen auf absehbare Zeit nicht entsprochen werden kann. Da die Flächennutzungspläne überarbeitet werden und fertige Bebauungspläne zunächst noch nicht vorlagen, haben die Stadtverwaltungen vorläufige Lösungen in Form von Bürocontainern angeboten, die zwar nicht das Stadtbild verschönern, aber auch keine weiterführenden Lösungen verbauen.

Auch ein Teil der ausgewiesenen Standorte für Billiganbieter und Handelsketten sind nicht als Dauerlösung zu betrachten. So wird in den Städten an Kriterien gearbeitet, nach denen die Vergabe von Grundstücken für Kaufhäuser und großflächige Handelsbetriebe erfolgen kann. Die Stadt Schwerin hat beispielsweise auf der Basis von zwei Gutachten die folgenden Grundkriterien formuliert:

- Die Handelseinrichtungen dürfen nicht im Widerspruch zum städtebaulichen Erscheinungsbild und zum Erhalt des unzerstörten Stadtzentrums stehen.

- Sie müssen überregionalen Raumordnungsvorstellungen entsprechen; zu diesem Zweck gibt es eine Zusammenarbeit mit dem Landkreis Schwerin.

---

[36] Vgl. Artikel "Grundstückspool soll aktive Strukturpolitik sichern". In: Handelsblatt vom 08.11.1990.

- Die Ansiedlung von verbrauchernahen Handelseinrichtungen ist vor allem in den Neubaugebieten erforderlich.

3.2.3 Kritische Bewertung der Angebotssituation und der Maßnahmen zur Angebotsanpassung

In allen untersuchten Städten besteht eine offenkundige Diskrepanz zwischen der Flächennachfrage und der Angebotssituation. Gewerbeflächenkataster, die Auskunft über die den Kommunen gehörenden Gewerbeflächen, ihren planungsrechtlichen Zustand oder den Grad ihrer Erschließung geben könnten, existieren bisher nicht. Aber auch die Reserveflächen der Betriebe und ehemaligen Kombinate sind nicht erfaßt, so daß keine Übersicht über das vorhandene Gewerbeflächenangebot besteht.

Unter dem Druck des Investitionsinteresses einerseits und der zunehmenden Arbeitsmarktprobleme andererseits bemühen sich alle Stadtverwaltungen, neue Gewerbeflächen auszuweisen. Dabei besteht die Tendenz, wegen der ungeklärten Eigentumsfrage bei vorhandenen, aber untergenutzten Flächen neue Gewerbegebiete an der städtischen Peripherie zu erschließen. Der kommunalpolitische Handlungsspielraum wird aber auch bei solchen Flächen in erheblichem Maße eingeschränkt, weil nur wenige - in manchen Städte gar keine - der in Aussicht genommenen Flächen den Kommunen gehören und auch dort, wo die Städte Rechtsträger des volkseigenen Vermögens sind, in einigen Fällen wegen ungeklärter Rückübertragungsansprüche die endgültigen Eigentumsverhältnisse nicht feststehen.

Die ersten Standortentscheidungen in den Kommunen betrafen im allgemeinen die Errichtung von Verkaufseinrichtungen. So wurden in Dresden bis Anfang Dezember 1990 ein Dutzend "Billigmarkthallen aus dem Boden gestampft", von denen manche auf die örtliche Presse den Eindruck machten, daß in das Umfeld nur das unbedingt nötigste investiert wurde[37].

Da die Kommunen über keine modernen Verwaltungsstrukturen verfügen, muß generell ein erheblicher Rückstand in der Bearbeitung der Investitionsanfragen festgestellt werden. Eine

---

[37] Vgl. Artikel "Wie's Gescherre, so der Herre?". In: Sächsische Zeitung vom 05.12.1990.

systematische Koordinierung der an verschiedenen Stellen in der Verwaltung einlaufenden Angebote findet nur sehr allmählich statt. Hinzu kommt, daß zwischen den einzelnen Ämtern teilweise noch keine klare Aufgabenteilung gefunden werden konnte. Für die Austragung von Zielkonflikten, die zwischen Wirtschaftsförderung, Stadtentwicklung und Denkmalpflege zwangsläufig entstehen müssen, gibt es noch keine eingespielten Verfahrensabläufe. Die Besorgnis, unter dem Druck wirtschaftlicher Verhältnisse städtebauliche Grundsatzentscheidungen falsch zu treffen, aber auch eine generelle Unsicherheit über die rechtlichen Grundlagen von Entscheidungen, verzögern den Entscheidungsprozeß. Diese Verzögerungen werden darüber hinaus begünstigt durch die meist umfassend angelegten politischen Koalitionen in den Städten, die die Abstimmung und Überwindung von nicht nur fachlichen Differenzen, sondern auch von solchen grundsätzlich politischer Art erfordern.

Nach den Kommunalwahlen im Mai 1990 waren die politischen Gremien der Städte häufig zunächst damit befaßt, die "Altlasten" der politischen Wende in der ehemaligen DDR aufzuarbeiten[38]. Aber auch die Notwendigkeit, sich mit den ehemaligen Kombinaten und - später - mit der Treuhandanstalt über die Frage der Eigentumsverhältnisse an ehemaligem Volksvermögen auseinanderzusetzen, bindet noch immer Verwaltungskapazität, die für andere Aufgaben dringend benötigt wird. So sind zwar die Verwaltungschefs der Städte von ihren Stadtverordnetenversammlungen bereits im Sommer 1990 beauftragt worden, "entsprechend der Rechtslage für alle ehemaligen volkseigenen Betriebe, Einrichtungen und Flächen Anspruch auf Überführung in kommunales Eigentum gegenüber dem Präsidenten der Treuhandanstalt oder dem zuständigen Minister gemäß Kommunalvermögensgesetz vom 06.07.1990" zu erheben[39]. Solche Ansprüche erfordern aber einen erheblichen Verwaltungsaufwand, weil eine exakte Definition aller zu übernehmenden Vermögensgegenstände notwendig ist.

Die Bewältigung der akuten Entscheidungsprobleme wird auch durch das Fehlen einer aktuellen Bauleitplanung erschwert. Zwar gibt es alte Planungen - insbesondere Generalbebauungspläne -, die fortgeschrieben wurden und teilweise schon nahe an einen

---

[38] Eine der ersten politischen Entscheidungen des Stadtparlaments in Brandenburg war z. B. die "Einsetzung eines Untersuchungsausschusses zur Überprüfung der in der Stadt Brandenburg durchgeführten Verkäufe volkseigener Gebäude und Grundstücke, Verleihung von Nutzungsrechten und Abschluß von Mietverträgen über Gewerberäume". Beschluß vom 30.05.1990.

[39] Vgl. Beschluß der Stadtverordnetenversammlung Brandenburg Nr. 15/90 vom 08.08.1990 über die Eigentumsübertragung von Volkseigentum der ehemaligen Kombinate und Betriebe.

aktualisierten Stand eines Flächennutzungsplanes herankommen. Allerdings befinden sich diese Pläne gegenwärtig in einer Phase der Überarbeitung und sind fast überall noch nicht endgültig von den politischen Gremien bestätigt. Dennoch wird versucht - auch mit Erfolg -, konkrete Standortentscheidungen zu treffen, wenn sie zu den bisherigen Überlegungen nicht im Widerspruch stehen. Wegen fehlender Bebauungspläne werden solche Entscheidungen regelmäßig im Rahmen des § 34 BauGB (Vorhaben innerhalb der im Zusammenhang bebauten Ortsteile) getroffen. Dabei werden für das Stadtzentrum selbst im allgemeinen städtebauliche Wettbewerbe ausgeschrieben, und man ist bemüht, die Innenstadt unter Berücksichtigung der historischen Bausubstanz mit Sorgfalt zu entwickeln. Allerdings bestehen insbesondere hinsichtlich der denkmalpflegerischen Anforderungen und dem Aspekt der Wirtschaftsförderung erhebliche Zielkonflikte. Besonders in Potsdam und in Brandenburg ermöglicht die Rekonstruktion der historischen Bausubstanz bei denkmalgeschützten Bauten meist nur kleingeschnittene Grundrisse. Da solche Gebäude für gewerbliche Zwecke häufig nicht geeignet sind, wird zum Teil erwogen, lediglich das äußere Erscheinungsbild den historischen Vorgaben anzupassen, im Inneren der Gebäude jedoch Grundrisse nach den Erfordernissen für Kleinbetriebe zu gestalten.

Bei fast allen Investitionsvorhaben fehlt der städtebauliche Vorlauf. Bei größeren Projekten werden deshalb die Investoren von den Stadtverwaltungen aufgefordert, den städtebaulichen Entwurf selbst vorzulegen. Aber nicht nur planerische Schwierigkeiten stehen einer zügigen Umsetzung von Investitionsvorhaben in den Innenstädten gegenüber. Wegen der starken Nachfrage in den Innenstadtbereichen sind die Stadtverwaltungen teilweise dazu übergegangen, auch über sogenannte Kopplungsgeschäfte nachzudenken. So wurde einem westdeutschen Investor von einer der Fallstudienstädte der Zuschlag für einen Innenstadtstandort unter der Bedingung erteilt, daß gleichzeitig für das gesamte Quartier ein Sanierungsvorschlag vorgelegt werden müsse, der die Einbindung des konkreten Investitionsvorhabens berücksichtigt. Auch wenn solche Kopplungsgeschäfte offenkundig möglich sind, scheitert ihre Realisierung bisweilen an der notwendigen Umsetzung der Mieter, für die keine Ersatzwohnungen gefunden werden können.

Insgesamt ist die Situation dadurch gekennzeichnet, daß die Realisierung von Investitionsvorhaben in den Innenstädten nur sehr zögerlich vorankommt. Dabei spielt - neben den bereits genannten Gründen - auch eine Rolle, daß sich bei zahlreichen privaten Grundstückseigentümern in der ehemaligen DDR völlig unrealistische Erwartungen über die erzielbaren Bodenpreise herausgebildet haben[40], die sich zunehmend als Bremse für den wirtschaftlichen Aufschwung bemerkbar machen.

Unter dem Druck rapide wachsender Arbeitslosenzahlen bleibt den Kommunen in dieser Situation meist nichts anderes übrig, als neue Gewerbeflächen in den Außenbereichen auszuweisen. Da es an regionalplanerischen Abstimmungsinstrumenten in den neuen Bundesländern bisher fehlt, besteht dabei die Gefahr, daß ein Überangebot an Flächen entsteht und eine ungeordnete Ausweitung städtischer Siedlungsstrukturen erfolgt.

3.3 Investitionshemmnisse
3.3.1 Vorbemerkung

Die durchgeführten Recherchen in den Fallstudienstädten zeigen, daß trotz einer beträchtlichen Zahl von standortsuchenden Unternehmen (auch aus dem ehemaligen Bundesgebiet und dem westlichen Ausland) die Realisierung der Standortvergabe nur sehr zögerlich vorankommt. Die wichtigsten lokalen Investitionshindernisse sind dabei:

- die aus Sicht der Kommunen noch nicht gelöste Eigentumsfrage,
- der Mangel an disponiblen Gewerbeflächen,
- der Stand der Stadtentwicklungs- und Bauleitplanung,
- die "überkommenen" Verhaltensweisen in der öffentlichen Verwaltung und die mangelnde Ausstattung mit Personal, Finanzen und technischer Infrastruktur,
- Unsicherheiten und Abstimmungsprobleme zwischen den politischen Entscheidungsträgern in den Städten.

Die zentralen Investitionshindernisse sind also einerseits auf Defizite in den (objektiven) Handlungsmöglichkeiten der Kommunen zurückzuführen. Hierzu zählen die Eigentumsfrage, der Mangel an disponiblen Flächen, die Finanzmisere und die unzureichende Verwaltungskapazität. Andererseits sind aber auch Defizite in der (subjektiven) Handlungsbereitschaft der öffentlichen Akteure vor Ort festzustellen. Dagegen spielen Mängel in der Infrastruktur - zumindest bisher - nicht die entscheidende Rolle als Investitionshemmnis, die man zunächst

---

[40] So wurde von einem Abgeordneten der Stadtverordnetenversammlung Dresden beklagt, daß 300 DM für den qm unerschlossenen Baugeländes keine Seltenheit seien. Vgl. Sächsische Zeitung vom 14.12.1990.

vermutet hat. Die gravierenden Mängel in der Infrastruktur der neuen Bundesländer sind potentiellen Investoren aus dem Westen ein bekanntes Phänomen, das aber die Investitionsbereitschaft offenbar nicht entscheidend tangiert. Dagegen sind die Schwierigkeiten vor Ort, die sich bei der konkreten Standortsuche ergeben, für manchen Investor ein Problem, das weder erwartet wurde noch nachvollzogen wird. Auch die hinhaltende Entscheidungspraxis der Kommunen wird von vielen Investoren weder verstanden noch gebilligt. So nimmt es nicht wunder, daß das Meinungsbild mancher Unternehmen von dem Eindruck bestimmt wird, die vorgefundenen örtlichen Verhältnisse seien nicht nur das Ergebnis objektiver Schwierigkeiten, sondern auch Ausdruck von Hilflosigkeit, Willkür oder alten Machenschaften.

3.3.2 Eigentumsproblematik

Der Handlungsspielraum der Kommunen in den neuen Bundesländern ist in hohem Maße dadurch eingeengt, daß eine Vielzahl von Flächen mit vermögensrechtlichen Ansprüchen früherer Eigentümer belegt ist. In Berlin (Ost) waren bis Mitte Oktober mehr als 150 000 Vermögensansprüche früherer Eigentümer eingegangen. Zum Jahresende 1990 lag diese Zahl bereits bei mehr als 200 000. Im Land Brandenburg lagen Ende 1990 "weit über eine viertel Million Anträge auf Rückübertragung von Grundstücken vor"[41]. Auf rund 7 000 Anträge wurde schon im November 1990 die Zahl der im Potsdamer Rechtsamt eingegangenen offenen Vermögensfälle beziffert; davon seien etwa 4 000 registriert[42]. Allein für den Innenstadtbereich wird die Zahl der Besitzansprüche auf 80 vH der vorhandenen Grundstücke geschätzt.

In Schwerin lagen im Januar 1991 rund 6 000 Rückübertragungsansprüche vor; etwa die Hälfte davon betraf das Eigentum an Grund und Boden. In allen Fallstudienstädten ist das Bild ähnlich: Die Zahl der Rückübertragungsanträge wächst täglich. Die Kommunen sind bisher im wesentlichen damit beschäftigt, die Ansprüche zu sammeln und zu sortieren. Die Flut von Rückübertragungsansprüchen und die auf der politischen Ebene offenkundige Unsicherheit über mögliche Entschädigungsleistungen im Falle einer Verfügung über

---

[41] Vgl. Artikel "Am meisten drücken Eigentums- und Arbeitsplatzprobleme". In: Der Tagesspiegel vom 20.12.1990.

[42] Vgl. Artikel "Besitzansprüche auf rund 80 Prozent der Häuser in Potsdams Innenstadt". In: Der Tagesspiegel vom 23.11.1990.

rückübertragungsbefangene Grundstücke wirkt sich in hohem Maße entscheidungshemmend aus.

Die nicht abschließende Regelung der Eigentumsverhältnisse könnte sich als eine schwerwiegende Hypothek für die wirtschaftliche Entwicklung in der ehemaligen DDR herausstellen. Sobald eine Anmeldung vermögensrechtlicher Ansprüche nach dem Gesetz zur Regelung offener Vermögensfragen vorliegt, ist der Verfügungsberechtigte (also beispielsweise die Kommunen oder die Treuhand) grundsätzlich "verpflichtet, den Abschluß dinglicher Rechtsgeschäfte oder die Eingehung langfristiger vertraglicher Verpflichtungen ohne Zustimmung des Berechtigten zu unterlassen"[43]. Einen Ausweg aus diesem Dilemma glaubte man mit dem "Gesetz über besondere Investitionen in dem in Art. 3 des Einigungsvertrages genannten Gebiet (DDR)"[44] gefunden zu haben. Danach können Grundstücke und Gebäude, die ehemals in Volkseigentum standen und Gegenstand von Rückübertragungsansprüchen sind oder sein können, von dem Verfügungsberechtigten auch bei Vorliegen eines Antrags auf Rückübertragung veräußert werden, wenn besondere Investitionszwecke vorliegen. Besondere Investitionszwecke liegen vor, wenn ein Investitionsvorhaben zur Sicherung oder Schaffung von Arbeitsplätzen oder zur Deckung eines erheblichen Wohnbedarfs der Bevölkerung beiträgt oder wenn die erforderlichen Infrastrukturmaßnahmen für derartige Vorhaben die Inanspruchnahme des Grundstücks oder Gebäudes erforderlich machen. Wenn es dem Vorhabenträger, z. B. der Kommune oder dem Investor, also gelingt, das jeweilige Projekt als eine besondere Investitionsmaßnahme zur Schaffung von Arbeitsplätzen zu deklarieren, dann können auch mit Vermögensansprüchen belegte volkseigene Flächen (gegen Entschädigung des Alt-Eigentümers) veräußert werden. Ein Problem besteht aber darin, daß es über die allgemeine Formulierung "Sicherung oder Schaffung von Arbeitsplätzen" hinaus noch keine Kriterien gibt, die es den Verwaltungen erlauben, das jeweils zu beurteilende Einzelprojekt als "besonderes Investitionsvorhaben" zu bewerten. Solange es an Ausführungsbestimmungen des Gesetzgebers oder an einer höchstrichterlichen Grundsatzentscheidung zu dieser Frage fehlt, werden sich die Kommunen im Zweifelsfalle mit Standortgenehmigungen zurückhalten.

---

[43]§ 3 Abs. 3 des Gesetzes zur Regelung offener Vermögensfragen (BGBl. 1990 II, S. 1159).

[44]Anlage II Kapitel III Sachbereich B: Bürgerliches Recht, Abschnitt I Nr. 4 des Einigungsvertrages (BGBl. 1990 II, S. 1157).

Diese Zurückhaltung ist in den Fallstudienstädten deutlich zu beobachten. Bei den Gesprächen wurde zunächst kein Fall bekannt, in dem die Kommunen das Gesetz über besondere Investitionsmaßnahmen angewandt hätten. Erst eine zweite Gesprächsrunde in den Städten ergab, daß Investitionsbescheinigungen nach § 2 des Gesetzes über besondere Investitionen in Einzelfällen ausgestellt wurden, daß man sich aber weiter sehr restriktiv verhält und den Ausgang eines sich abzeichnenden Rechtsstreits abwarten möchte.

Aus der Zurückhaltung, die auch in Berlin (Ost) zu beobachten war, haben Senat und Magistrat die Konsequenz gezogen, eigene Ausführungsbestimmungen zu erlassen, um den bestehenden rechtsfreien Raum auszufüllen[45]. Danach wird ein Investitionsvorhaben dann für dringlich und geeignet gehalten, "wenn es der Sicherung oder Schaffung von mindestens 100 Arbeitsplätzen oder einem Investitionsvolumen von mindestens 10 Mill. DM oder der Schaffung von 3 000 m^2 gewerblicher Nutzfläche in dem durch Investitionen entstehenden Unternehmen oder Unternehmensteilen dient und die planungsrechtlichen Voraussetzungen für das Vorhaben gegeben sind"[46].

Auch wenn das Bundeskabinett inzwischen um eine Nachbesserung des Gesetzes zur Regelung offener Vermögensfragen und des Gesetzes über besondere Investitionen bemüht ist, muß man befürchten, daß eine Beschleunigung von Investitionsvorhaben weiterhin an den objektiven und subjektiven Umsetzungsproblemen vor Ort scheitert oder zumindest behindert wird. Allein die Prüfung der Eigentumslage ist schwierig, weil sich viele Grundbücher in einem katastrophalen Zustand befinden und geschwärzte Stellen ebenso wie fehlende Seiten zu beobachten sind. Gleichzeitig ist der Informationsstand über die Anwendungsmöglichkeiten des Gesetzes über besondere Investitionen in den Verwaltungen sehr unterschiedlich und die Angst vor Schadensersatzansprüchen weit verbreitet. Aus diesem Grunde forderte die Vereinigung der Unternehmensverbände in Berlin und Brandenburg e. V. zur Beseitigung von Investitionshindernissen eindeutige, operationale Ausführungsbestimmungen, um die Niederlassung von Unternehmen und damit die Schaffung von Arbeitsplätzen zu erleichtern. Eine derartige Regelung müsse "durch eine

---

[45]Vgl. Grundsätze für die Anwendung des Gesetzes über besondere Investitionen für den Ostteil Berlins, in: Pressedienst Berlin vom 06.12.1990.

[46]Ebenda.

Haftungsfreistellung für Landräte und Bürgermeister flankiert werden, damit nicht die Angst vor Schadensersatzansprüchen die Vergabe von Gewerbegrundstücken behindert"[47].

3.3.3 Unzureichendes Flächenangebot

Der zweite zentrale Engpaßfaktor für die kurzfristige Realisierung von Investitionsvorhaben in den Kommunen der ehemaligen DDR ist der Mangel an disponiblen, d. h. planungsrechtlich ausgewiesenen und infrastrukturell erschlossenen Gewerbeflächen. Die erkennbare Nachfrage nach solchen Flächen übersteigt in allen Fallstudienstädten die kurz- oder mittelfristig aktivierbaren Ressourcen erheblich. Dies ist zwar einerseits auf die überhöhten Flächenansprüche westlicher Investoren zurückzuführen, aber auch Resultat der bisherigen staatlichen Planwirtschaft, die eine Flächenangebotsplanung im Sinne des westdeutschen Baugesetzbuches nicht kannte.

Neben der fehlenden Bauleitplanung kommt für die neugeschaffenen Wirtschaftsförderungsämter der Kommunen ein weiteres Problem hinzu: Ein großer Teil der gewerblichen Bestandsflächen befand sich im Besitz der ehemals zentral- oder bezirksgeleiteten Kombinate - in Berlin (Ost) immerhin rund 60 vH der Flächen -, der jetzt von der Treuhandanstalt verwaltet wird. Die großen Kombinate verfügten zum Teil über erhebliche Reserveflächen. Werden Betriebe von der Treuhandanstalt an westdeutsche Unternehmen veräußert, so gehen auch diese Reserveflächen in das Eigentum des Erwerbers über. Wenn es den Kommunen nicht gelingt, auf diese jetzt noch von der Treuhand verwalteten Flächen Zugriff zu erhalten, reduziert sich ihre gewerbepolitische Dispositionsmasse schnell auf ein Minimum, und der einzige Ausweg ist die Ausweisung neuer Gewerbeflächen "auf der grünen Wiese". Die Städte und Gemeinden haben deshalb vorsorglich für alle Flächen Eigentumsansprüche angemeldet, die irgendwann einmal kommunales Eigentum gewesen sind oder gewesen sein könnten. Dabei stützen sich die Ansprüche nicht nur auf - oft unzureichend geführte - Akten, sondern auch auf Aussagen früherer Mitarbeiter.

---

[47]Vorschläge der Unternehmensverbände zur Regionalförderung in Berlin, Presseerklärung der Vereinigung der Unternehmensverbände in Berlin und Brandenburg e. V. vom 07.02.1991.

Von den Kommunen wird lebhaft Klage darüber geführt, daß ihnen Flächen von der Treuhandanstalt vorenthalten würden. So weist der Potsdamer Oberbürgermeister in einer vorläufigen Bilanz seiner bisherigen Arbeit darauf hin, daß die Stadt in permanentem Streit mit der Treuhandanstalt liegt, weil die Stadt "Flächen zurückhaben will, die ihr einst gehörten und die jetzt zur Gewerbeansiedlung benötigt werden"[48]. Schon im November 1990 forderte die Stadt Potsdam von der Treuhandanstalt 32 Grundstücke zurück, die ehemals den Kombinaten gehörten[49]. Erst allmählich beginnt sich eine Kooperation mit der Treuhand bei der Auswahl von Investoren für solche umstrittenen, von den Kommunen beansprucht, aber in der Rechtsträgerschaft der Treuhand befindlichen Flächen abzuzeichnen.

Die Flächenangebotsproblematik hängt eng zusammen mit der Eigentumsproblematik und dem bisherigen Stand der Stadtentwicklungs- bzw. Bauleitplanung. Allerdings sind nicht nur im öffentlichen, sondern auch im privaten Bereich erhebliche Restriktionen zu erkennen, die einer zügigen Verwirklichung von Investitionen zumindest im Innenstadtbereich entgegen stehen. So halten sich die Privateigentümer in städtebaulich attraktiven Lagen in nicht unerheblichem Maße mit Verkäufen zurück, um künftige Wertsteigerungen abzuwarten und zu realisieren. Anders ist es dagegen in den Randlagen, die für Investoren weniger attraktiv sind und die teilweise noch landwirtschaftlich genutzt werden. Hier ist eher Verkaufsbereitschaft zu beobachten.

3.3.4 Fehlende Stadtentwicklungsplanung

Das Fehlen von städtebaulichen Rahmenplänen und Konzepten zur Stadtentwicklung ist ein erhebliches Hindernis nicht nur für die Beurteilung vorliegender Standortanfragen durch die Kommunalverwaltungen selbst, sondern auch für die Durchführung konkreter Investitionsprojekte, wie das Beispiel des Potsdamer City-Centers zeigt, wo ein Investorenauswahlverfahren nach Erstellung eines städtebaulichen Rahmenplanes neu ausgeschrieben werden muß. Die Akteure vor Ort sind sich darüber im klaren, daß Leitbilder für die planerische Entwicklung der Städte erstellt werden müssen, daß aber gleichzeitig Einzelentscheidungen

---

[48] Vgl. Artikel "Über allem steht die Frage der Finanzierung". In: Der Tagesspiegel vom 21.12.1990

[49] Vgl. Artikel "Stadtverwaltung fordert Grundbesitz zurück". In: Berliner Morgenpost vom 27.11.1990.

nötig sind. Da Bebauungspläne noch weitgehend fehlen, wird versucht, entweder Einzelentscheidungen im Rahmen des § 34 BauGB zu treffen oder den Planungsprozeß durch Ausweisung von Standorten "auf der grünen Wiese" zu beschleunigen.

Die Planungskapazität in den Fallstudienstädten ist quantitativ und qualitativ offenbar völlig unzureichend. Es fehlt in den Städten an einer "profihaften Planerfähigkeit", weil die besten Mitarbeiter der Verwaltung in die Wirtschaft abwandern und der Einfluß der früheren Stadtarchitekten teilweise reduziert wurde. Zwar erhalten die Kommunen in den neuen Bundesländern Hilfe aus dem Westen. So sind Leihbeamte aus Baden-Württemberg in Sachsen, aus Nordrhein-Westfalen in Brandenburg und aus Schleswig-Holstein in Mecklenburg-Vorpommern im Einsatz. Auch eine erste Einführung in die neue Materie des bundesdeutschen Planungsrechts durch Mitarbeiter aus westdeutschen Partnerstädten hat verschiedentlich stattgefunden. Doch haben diese Hilfen die vorhandenen Know-how-Defizite in bezug auf das neue planungsrechtliche Instrumentarium des Baugesetzbuches noch nicht ausgleichen können.

Für die Innenstädte von Potsdam, Brandenburg, Schwerin und Dresden werden städtebauliche Nutzungskonzepte erarbeitet. Solange auf der politischen Ebene noch kein Konsens über die künftigen Nutzungsvorstellungen besteht, wird gegenüber potentiellen Investoren eine zurückhaltende Politik bei der Standortvergabe betrieben. Es bleibt festzuhalten, daß die Städte die erforderlichen stadtplanerischen Vorbereitungsaufgaben jedenfalls in absehbarer Zeit nicht alleine bewältigen werden.

3.3.5 Mängel in der Verwaltungsorganisation

Nicht nur der Mangel an Know-how in den Kommunalverwaltungen der neuen Bundesländer, sondern auch die quantitativ unzureichende Besetzung der Planungs- und Wirtschaftsförderungsämter ist ein gravierendes Investitionshemmnis. Gemessen an den Verhältnissen westdeutscher Städte müssen die ostdeutschen Kommunen in den relevanten Ämtern häufig noch mit der Hälfte oder gar einem Drittel des an sich benötigten Personals auskommen. "Wir sind entsetzt, wie wenig Leute das hiesige Personalamt hat und unter welchen Bedingungen es arbeiten muß", faßte jüngst ein Stuttgarter Leihbeamter seine

Eindrücke über die Situation in der sächsischen Landeshauptstadt Dresden zusammen[50]. "Wir in Stuttgart haben 250 Mitarbeiter, hier in Dresden sind es nur 35".

Sachsens Wirtschaftsminister sprach gar von einem "drohenden Zusammenbruch der öffentlichen Verwaltung angesichts anhaltender Massenabwanderung und des Mangels an kompetentem Fachpersonal in dem neuen Bundesland Sachsen"[51]. Ein drastischer Personalmangel bestehe vor allem in den Grundbuchämtern und den Baubehörden, was sich auch negativ auf die Ansiedlung neuer Unternehmen auswirke. Diese Auffassung wird durch die in den Fallstudienstädten durchgeführten Recherchen nachhaltig gestützt. Quantitative und qualitative Defizite in der Personalausstattung sind ein entscheidender Engpaßfaktor bei der Bearbeitung von Standortanfragen potentieller Investoren in den neuen Bundesländern.

Auch die Entscheidungsstrukturen in den Kommunalverwaltungen sind noch nicht vollständig etabliert. Zahlreiche Amtsleiter-Stellen wurden erst vor kurzem besetzt oder sind weiterhin vakant[52]. Sieht man von der Ausschreibung der Amtsleiter-Stellen ab, so ist auf den untergeordneten Ebenen überwiegend das alte Personal tätig, das für die neue Aufgabenstellung nicht extra geschult werden konnte. In den Stadtplanungsämtern sind im wesentlichen dieselben Mitarbeiter wie vor der Wende. Crash-Kurse zur schnellen Qualifizierung haben bisher kaum stattgefunden; sie sind wegen Arbeitsüberlastung der Mitarbeiter meist auch zeitlich kaum wahrzunehmen.

Der Informationsaustausch in den Verwaltungen funktioniert nur sehr bedingt, und die Bearbeitung von Verwaltungsvorgängen erfolgt noch unsystematisch und unkoordiniert. So ist eine gezielte Nachbearbeitung von Standortanfragen der Investoren nur in ersten Ansätzen erkennbar. Erforderlich wäre zum Beispiel, daß die anfragenden Unternehmen nicht nur eine Eingangsbestätigung erhielten (was lange Zeit nicht geschehen ist). Für eine schnelle Bearbeitung der Anfragen sind vielmehr gezielte Informationen über das Unternehmen, das geplante Vorhaben, die voraussichtliche Zahl der Arbeitsplätze, Umfang und Qualität der Fläche usw. erforderlich. Einen entsprechenden Erhebungsbogen für

---

[50] Vgl. Artikel "Personalamt völlig unterbesetzt". In: Sächsische Zeitung vom 01.03.1991.

[51] Vgl. Artikel "Sachsens Verwaltung vor Zusammenbruch". In: Der Tagesspiegel vom 03.01.1991.

[52] Im November 1990 waren zwei Drittel aller Amtsleiter-Stellen in der Potsdamer Stadtverwaltung noch nicht besetzt (vgl. Berliner Morgenpost vom 10.11.1990).

Investoren in der Region Berlin-Brandenburg hat der Provisorische Regionalausschuß auf Vorschlag einer Arbeitsgruppe zwar beschlossen, diese Hilfestellung ist indessen noch längst nicht bei allen Kommunen des Landes Brandenburg angekommen - ein weiterer Hinweis auf die noch mangelhaften Organisations- und Entscheidungsstrukturen in horizontaler und vertikaler Hinsicht.

In dieser Situation sind die von den alten Bundesländern zur Verfügung gestellten finanziellen und personellen Hilfen von geradezu existentieller Bedeutung. So will das Land Nordrhein-Westfalen beispielsweise in Brandenburg zur personellen Unterstützung der Kommunen mit Verwaltungsfachleuten rund 300 Leihbeamte für die Dauer von zwei Jahren in verschiedenen Regionen des Landes Brandenburg einsetzen[53]. Etwa 750 Leihbeamte aus Nordrhein-Westfalen helfen bereits beim Aufbau der Landesverwaltung in Brandenburg.

Die Defizite auf der personellen Ebene setzen sich auf der technischen Ebene fort. Von einer modernen Büroausstattung, wie sie in den Kommunen der alten Bundesländer zur Standardausrüstung gehört, kann in den Kommunen der neuen Bundesländer keine Rede sein. Im Amt für Stadtentwicklung des Potsdamer Magistrats existierten zum Zeitpunkt der Interviews zwei PC's der Marke Robotron, die nicht IBM-kompatibel sind und die von allen Mitarbeitern des Amtes wechselseitig genutzt werden und damit voll ausgelastet sind. Dies hat zur Folge, daß sie einzelnen Mitarbeitern nur unter großen Einschränkungen zur Verfügung stehen. Hinzu kommt eine mangelnde Einweisung in die Handhabung, die lediglich im Selbststudium der vorhandenen Gebrauchsanleitungen erfolgt.

Ein Investitionshindernis sind aber nicht nur objektive, den Kommunen nicht unmittelbar zurechenbare Defizite, sondern auch die immer noch vorfindbaren traditionellen Verhaltensweisen in den Verwaltungen selbst. So war zum Beispiel der Dienstag offizieller Sprechtag in den DDR-Kommunen vor der Wende, und er ist es in vielen Städten auch heute noch. Wenn an einem solchen Dienstag mehr als 120 Besucher 5 Mitarbeitern eines Stadtplanungsamtes gegenübersitzen, so ist dieses offenkundige Mißverhältnis und die daraus resultierende Überforderung der Verwaltung nicht nur Ergebnis einer mangelhaften Personalausstattung, sondern auch Folge einer noch wenig kunden- und bürgernah konzipierten Organisation der Verwaltungsarbeit. Eine Bewußtseinsänderung im Hinblick

---

[53] Vgl. Artikel "Nordrhein-Westfalen hilft mit 300 weiteren Verwaltungsexperten aus". In: Der Tagesspiegel vom 05.02.1991.

auf die Schaffung einer bürgernahen Verwaltung, aber auch die Schaffung der personellen Kapazitäten hierfür findet nur sehr allmählich statt. So wurde die gewünschte Einsichtnahme in Sitzungsprotokolle der Stadtverordnetenversammlung in einer Stadt schlicht verweigert. In anderen Städten dagegen wurde der Hinweis der Projektbearbeiter auf den öffentlichen Charakter der Sitzungsprotokolle zum Anlaß genommen, die wichtigsten Beschlüsse der Stadtverordentenversammlung in einem neu herausgegebenen Amtsblatt zu veröffentlichen.

Das in den Stadtverwaltungen durchaus vorhandene Engagement einzelner Mitarbeiter sowie deren Motivation und persönliche Einsatzbereitschaft können die vorgefundenen Defizite in personeller und technischer Hinsicht allenfalls mildern, aber nicht kompensieren, zumal die Gefahr offenkundig ist - und erste Beispiele zeigen dies -, daß den hohen Belastungen nicht jeder gewachsen ist.

3.3.6 Unsicherheit in Politik und Verwaltung

Entscheidungen in den Kommunalverwaltungen der neuen Bundesländer werden bisher sehr zögerlich getroffen. Das hierin zum Ausdruck kommende Defizit an Handlungsbereitschaft hat seine Ursache einerseits in der 40jährigen Praxis staatlich gelenkter Entscheidungsvorgaben und andererseits in anfangs bestehenden Unsicherheiten in rechtlicher, verwaltungsprozessualer und politischer Hinsicht. Diese Unsicherheiten beginnen bereits auf der politischen Ebene, also in den Stadtverordnetenversammlungen der Städte. So gibt es praktisch in allen Fallstudienstädten große Koalitionen unter Ausgrenzung der PDS. Wenn die einzelnen Parteien unterschiedliche Vorstellungen darüber haben, ob öffentliche Grundstücke verkauft oder in Erbpacht vergeben werden sollen; ob bestimmte städtische Standorte für produzierendes Gewerbe, Dienstleistungsunternehmen oder für Wohnzwecke ausgeschrieben werden sollen; ob bei der Standortvergabe einheimische Bewerber bevorzugt werden oder westliche Investoren, die im Zweifel höhere Preise zu zahlen bereit und in der Lage sind, den Zuschlag erhalten sollen; wenn also der politische Meinungsbildungsprozeß nicht auf der Basis von klaren Koalitionsabsprachen erfolgt, sondern die politischen Ziele erst in einem täglichen Konsensfindungsprozeß formuliert werden müssen, dann muß es zwangsläufig zu Irritationen, Unsicherheiten und Verzögerungen wichtiger kommunalpolitischer Entscheidungen kommen.

Aus dieser Situation resultiert dann auch eine hinhaltende Taktik in Politik und Verwaltung. In einem Interview mit der Sächsischen Zeitung beklagte der sächsische Ministerpräsident Kurt Biedenkopf das langsame Tempo der Veränderungen und den "Problemsumpf" vor Ort. So hätten sich Investoren bei ihm beschwert, die seit Monaten von dem Wirtschaftsdezernenten, "der ja nun beurlaubt ist, hier in Dresden hingehalten wurden. Die fragen mich, was hier los ist. Da entscheiden Leute, die keine fachliche Kompetenz haben."[54]

Ein Hauptproblem bei der schnellen Umsetzung von Investitionsvorhaben ist einerseits die Rechtsunsicherheit im Bau- und Planungsrecht. So räumte der in einer Fallstudienstadt wegen Arbeitsüberlastung inzwischen zurückgetretene Stadtrat für Stadtentwicklung in einer Bilanz seiner bisherigen Arbeit ein, daß die offenen rechtlichen Fragen zu einer großen fachlichen Unsicherheit führen und viele Entscheidungen nur schleppend gefällt werden können[55]. Die Verwaltungen sind zum Teil unsicher, wann Bebauungspläne neu beschlossen werden müssen oder in welchen Fällen öffentliche Ausschreibungen erforderlich sind. Wenn eine Ausschreibung für eine Baulücke 38 Angebote hervorbringt, die von der Verwaltung im einzelnen zu prüfen sind, dann ist es nicht verwunderlich, wenn angesichts der unzureichenden Personalkapazität manche Stadtverwaltung vor weiteren Ausschreibungen weiterer Baulücken zunächst einmal zurückschreckt. Solange auf der politischen Ebene keine Vorgaben beschlossen wurden, nach welchen Kriterien über den Zuschlag entschieden werden soll, darf man sich über die in Einzelfällen zu beobachtende Verzögerungsmentalität auf der Verwaltungsseite nicht wundern.

Die durchaus zu beobachtende dilatorische Handhabung von Verwaltungsvorgängen resultiert sicher auch aus dem Bedürfnis, nur solche Entscheidungen zu fällen, die einer späteren rechtlichen und politischen Überprüfung standhalten. Hintergrund solcher Befürchtungen sind beispielsweise die Dresdener Erfahrungen, wo Mitte November 1990 zwei Dezernenten ihrer Posten enthoben wurden, weil sie einer westdeutschen Firma aus dem Ruhrgebiet ein 40 ha großes Gewerbegebiet mit bester Verkehrsanbindung für 1 DM pro qm verkauft hatten[56]. Zwar ist der Kaufvertrag von der Stadtverwaltung inzwischen

---

[54]Vgl. Artikel "Jetzt geht für die Deutschen in Ost und West die Arbeit erst richtig los". In: Sächsische Zeitung vom 05.12.1990.

[55]Vgl. Artikel "Stadtrat hofft auf Kasernengelände für einheimische Gewerbebetriebe". In: Der Tagesspiegel vom 18.01.1991.

[56]Vgl. Artikel "Stolpern über ein Filetgrundstück". In: Der Tagesspiegel vom 20.12.1990.

angefochten worden, doch wird die Gewerbeansiedlung an dieser exponierten Stelle, in unmittelbarer Nähe zum Autobahnanschluß Dresden-Nord, durch den erwarteten Rechtsstreit zunächst einmal blockiert.

Zu Irritationen und Verärgerung bei potentiellen Investoren müssen auch die ungeklärten Zuständigkeiten und Kompetenzstreitigkeiten zwischen Treuhandanstalt und Kommunen führen. Ein Beispiel ist der Verkauf von Einzelhandelsobjekten in Dresden. So gab es eine erste Ausschreibung durch die Stadt im August 1990. Obwohl hierauf viele Bewerbungen eingegangen waren, wurde im November 1990 eine zweite Ausschreibung derselben Objekte durch die Berliner Treuhandanstalt vorgenommen, weil das Gesetz über die Entflechtung des Handels vom 06.07.1990, auf dessen Grundlage die erste Ausschreibung erfolgte, nicht in den Staatsvertrag aufgenommen worden war[57].

Das grundlegende Dilemma, in dem sich Politik und Verwaltung auf lokaler Ebene befinden, besteht darin, daß beide Seiten angesichts der Erwartungen der Bevölkerung und der zunehmenden Probleme unter einem immensen Druck arbeiten müssen und gleichzeitig der Gefahr begegnen wollen, daß durch allzu rasche Aktivitäten und vorschnelle Entscheidungen städtebauliche oder ökologische Anforderungen nicht genügend beachtet werden. Angesichts der sich weiter verschärfenden Arbeitsmarktprobleme in den ostdeutschen Ländern wird der Druck auf die Kommunen zunehmen, zur Schaffung von Arbeitsplätzen auch solche Investitionsvorhaben zu genehmigen, die städtebaulichen oder ökologischen Kriterien nicht in jedem Fall standhalten.

---

[57]Vgl. Artikel "Schizophrenie und Bürokratie ohnegleichen". In: Sächsische Zeitung vom 05.12.1990.

4 Schlußfolgerungen und Empfehlungen
4.1 Zusammenfassung der Ergebnisse

Die in den Fallstudienstädten durchgeführten Gespräche über Investitionsabsichten westlicher Unternehmen zeigten, daß eine große Zahl von Standortanfragen potentieller Investoren vor allem aus den Bereichen Handel, Banken und Versicherungen sowie sonstige Dienstleistungen vorliegt. Selbst wenn man davon ausgeht, daß nur etwa die Hälfte dieser Anfragen als ernstzunehmende Investorenabsichten einzustufen sind, übersteigt die vorliegende Flächennachfrage das Angebot der Städte um ein Mehrfaches. Anders sieht es dagegen im Bereich des produzierenden Gewerbes aus, das mit weniger als 10 vH der Anfragen deutlich unterrepräsentiert ist.

Westliche Unternehmen suchen in den Kommunen der ehemaligen DDR grundsätzlich "sichere" Standorte, deren planungsrechtliche und eigentumsrechtliche Gegebenheiten geklärt sind. Die Zahl solcher sicheren Standorte ist indessen insbesondere in den Innenstädten sehr niedrig, da es bislang weder städtebauliche Rahmenpläne und damit eindeutige Vorstellungen zur künftigen Nutzungsstruktur gibt noch bei vielen Grundstücken die Eigentumsfrage hinlänglich geklärt ist.

Zwischen Handels- und Dienstleistungseinrichtungen gibt es einen intensiven Wettbewerb um attraktive Innenstadtstandorte. Angesichts der bestehenden Knappheit an disponiblen Flächen werden keine übertriebenen Ansprüche an die infrastrukturelle Erschließung oder an das städtebauliche Umfeld gestellt. Es herrscht vielmehr der Eindruck vor, daß westliche Investoren im Falle der Bereitstellung eines Grundstücks die zur Realisierung des Investitionsvorhabens erforderlichen Infrastrukturarbeiten weitgehend miterledigen würden. Handelt es sich hinsichtlich Lage und Erreichbarkeit um gute Standorte, so spielt offenkundig weder die Gebäudesubstanz noch das städtebauliche Umfeld für die Standortentscheidung der Unternehmen eine bedeutende Rolle. Dieses Ergebnis bezieht sich indessen nur auf den Mikro-Standort, d. h. Infrastrukturdefizite werden zumindest im unmittelbaren Umfeld der Ansiedlung bisher nicht als Hemmnis empfunden. Dieser Befund erlaubt allerdings kaum Rückschlüsse auf die Bedeutung der großräumigen Infrastrukturerschließung.

Dienstleistungsunternehmen drängen grundsätzlich in die Innenstädte. In fast allen untersuchten Städten entstehen in diesem Zusammenhang Probleme mit dem Denkmalschutz. So ist der relativ kleine Grundrißzuschnitt der Altstadtgebäude in vielen Fällen aus der Sicht der interessierten Unternehmen ein erhebliches Hemmnis für die Durchführung der geplanten Investitionen. Zwar gibt es offenkundig genügend Investoren, die auch alte Gebäude modernisieren würden. Solche Vorhaben scheitern aber häufig entweder an der ungeklärten Eigentumsfrage oder an der Notwendigkeit, für die in den Gebäuden wohnenden Mieter im Falle einer gewerblichen Nutzung den meist nicht vorhandenen Ersatzwohnraum zu beschaffen.

Im Bereich des produzierenden Gewerbes suchen die Kommunen händeringend nach Investoren. Da weniger als 10 vH aller Standortanfragen auf Industrie und produzierendes Handwerk entfallen, ist die Verhandlungsposition der Kommunen hier ungleich schlechter als bei Handels- und Dienstleistungseinrichtungen. Sofern die Bonität des Investors und die Strukturverträglichkeit der Investition aus der Sicht der Kommune außer Zweifel steht, ist die Neigung groß, den besonderen Ansprüchen des Investors, die sich vor allem auf die Größe der Fläche und den Preis beziehen, nachzukommen.

Eine Flächenangebotsplanung nach bundesdeutschem Recht gab es in der früheren DDR nicht. Damit fehlt es in den Städten durchweg an disponiblen Gewerbeflächen. Darüber hinaus sind die vorhandenen (bebauten und unbebauten) Gewerbeflächen weitgehend noch nicht erfaßt worden. Die Kommunalverwaltungen sind erst dabei, detaillierte Informationen sowohl über die vorhandenen Baulücken als auch über den Umfang der den ehemaligen Kombinaten gehörenden Reserveflächen zu erstellen und hierfür Vermögensansprüche bei der Treuhand anzumelden.

Bei fast allen Investitionsvorhaben fehlt der städtebauliche Vorlauf. Planungsvorgaben müssen erst noch von den Verwaltungen erarbeitet und im politischen Konsensbildungsprozeß beschlossen werden. Mit der Aufstellung von Stadtentwicklungsplänen waren aber sowohl die Politiker als auch die Verwaltungen zum Zeitpunkt der Untersuchung offenkundig überfordert. Den Verwaltungen fehlen nicht nur planungserfahrene Mitarbeiter, sondern auch die finanziellen und technischen Mittel. Die Unzulänglichkeiten innerhalb der Verwaltungen werden durch Unsicherheiten auf der politischen Ebene ergänzt. Beides führt zu einem entscheidungshemmenden Klima, von dem alle Städte - mehr oder weniger - betroffen sind.

Grundsätzlich ist ein erheblicher Rückstand in der Bearbeitung der Investitionsanfragen festzustellen. Gründe hierfür sind Mängel in der Personalausstattung und der technischen Infrastruktur der Verwaltungen ebenso wie fehlende Erfahrung im Umgang mit westlichen Investoren. Hinzu kommt, daß es für die Austragung von Zielkonflikten zwischen Wirtschaftsförderung, Stadtentwicklung und Denkmalpflege, die bei der konkreten Standortgenehmigung und bei der Erarbeitung städtebaulicher Rahmenpläne entstehen, noch keine eingespielten Verfahrensabläufe gibt. Die Besorgnis, unter dem Druck wirtschaftlicher Verhältnisse städtebauliche Grundsatzentscheidungen falsch zu treffen, verzögert den Entscheidungsprozeß. Diese Verzögerungen werden begünstigt durch die meist umfassend angelegten politischen Koalitionen in den Städten, die die Abstimmung und Überwindung von nicht nur fachlichen Differenzen, sondern auch von solchen grundsätzlich politischer Art erfordern. Eingespielte Verhaltens- und Abstimmungsmechanismen sind nicht vorhanden. Das in westdeutschen Städten übliche "Rollenspiel" zwischen Verwaltung, politischen Entscheidern, Rechtsaufsicht und privaten Investoren muß in den Kommunen der neuen Bundesländer erst noch erlernt und eingeübt werden.

Insgesamt ist die Situation dadurch gekennzeichnet, daß die Realisierung von Investitionsvorhaben in den Städten nur sehr schleppend vorankommt, weil

- in einer Vielzahl von Fällen die Eigentumsfrage ungelöst ist,
- städtebauliche Rahmenpläne noch nicht vorliegen,
- disponible Flächen den Kommunen kaum zur Verfügung stehen,
- das Gesetz über besondere Investitionsmaßnahmen von den Kommunen nicht angewendet wird und
- die spekulative Zurückhaltung von Grundstücken privater Eigentümer den Grundstücksmarkt verknappt und sich damit zusätzlich als Bremse für den wirtschaftlichen Aufschwung bemerkbar macht.

Sowohl die Standortsuche von Investoren als auch die Reaktionen der Kommunen vermitteln den Eindruck, daß Investitions- und Standortentscheidungen in den neuen Bundesländern sich im wesentlichen nach der Flächenverfügbarkeit richten und damit häufig nach dem Zufallsprinzip fallen. In den untersuchten Städten ist eine Tendenz zu beobachten, neue Flächen an der städtischen Peripherie, also gewissermaßen "auf der grünen Wiese" auszuweisen. Dabei bestehen offenkundig - wenn auch aus unterschiedlichen Gründen - sowohl bei den Investoren als auch bei den lokalen Gebietskörperschaften teilweise unrealisitische Vorstellungen über den Umfang der benötigten Gewerbeflächen.

Damit ist nicht auszuschließen, daß in den Städten und Gemeinden der neuen Bundesländer in wenigen Jahren ein überdimensioniertes Flächenangebot existiert, womit künftigen regionalplanerischen Steuerungsmöglichkeiten ebenso Grenzen gesetzt sind wie dies in westdeutschen Regionen über viele Jahre der Fall war.

4.2 Empfehlungen

Die Kommunen der neuen Bundesländer befinden sich in einem gravierenden Dilemma: Wegen der sich rapide verschlechternden Situation auf dem Arbeitsmarkt ist es die dringendste Aufgabe, arbeitsplatzschaffende Investitionen zu fördern. Dabei besteht die Gefahr, daß städtebauliche und ökologische Anforderungen - solange stadtplanerische Zielvorgaben noch nicht hinreichend formuliert sind - "auf der Strecke" bleiben könnten. In dieser Situation sind kurzfristig Sofortmaßnahmen nötig, die die baldige Realisierung von Investitionsvorhaben ermöglichen, ohne daß dadurch künftige städtebauliche Nutzungskonzepte beeinträchtigt werden. Daneben ist eine eher mittelfristig orientierte Strategie erforderlich, die zur Erarbeitung von Stadtentwicklungsplänen führt, auf deren Basis künftige Nutzungsentscheidungen getroffen werden können.

Den Kommunen in den neuen Bundesländern wird empfohlen, zunächst folgende Sofortmaßnahmen zu ergreifen bzw. zu intensivieren:

In einem ersten Schritt geht es um die Verbesserung der Informations- und Entscheidungsgrundlagen für Stadtplanung und Wirtschaftsförderung. Eine vordringliche Aufgabe der kommunalen Wirtschaftsförderung ist es, für die in den Gemeinden verfügbaren oder geplanten Gewerbeflächen ein "Standortprofil" zu erstellen, das die von potentiellen Investoren benötigten Informationen über Größe, Baurecht, Erschließungsgrad, Verkehrsanbindung, Eigentumsverhältnisse der Grundstücke enthält. Die wichtigsten Erhebungsmerkmale für ein solches kommunales Gewerbeflächenkataster sind im Anhang 2 zusammengestellt. Das Flächenkataster ist ein unentbehrliches Informationsinstrument, um konkrete Investitionsvorhaben zu bearbeiten und um eine Abgleichung zwischen den Standortanfragen der Investoren und den tatsächlichen Ressourcen der jeweiligen Kommune vornehmen zu können.

Um die vorliegenden Standortanfragen hinsichtlich ihrer Seriosität überprüfen und die teilweise noch sehr diffusen Vorstellungen der Investoren von ernstgemeinten Projekten unterscheiden zu können, sollten alle standortsuchenden Unternehmen von den Kommunen aufgefordert werden, über ihre Firma sowie die Art des Investitionsvorhabens detaillierte Angaben zu machen. Zu diesem Zweck hat das DIW einen Fragebogen entwickelt, der von den Städten und Gemeinden in den neuen Bundesländern unmittelbar verwendet werden kann und in den Fallstudienstädten Schwerin und Potsdam sowie in einer Reihe weiterer brandenburgischer Gemeinden aufgrund einer Empfehlung des Provisorischen Regionalausschusses Berlin-Brandenburg bereits verwendet wird (vgl. Anhang 3). Die erarbeitete Checkliste kann helfen, den Bedarf, die Dringlichkeit und die Realisierungschancen unternehmerischer Investitionsvorhaben in den neuen Bundesländern zu beurteilen.

Da die Standortvergabe außerhalb der im Zusammenhang bebauten Ortsteile grundsätzlich die Aufstellung eines Bebauungsplanes erfordert und der größte Teil der Standortanfragen der Investoren sich ohnehin auf das Gebiet der Innenstadt und der innenstadtnahen Quartiere bezieht, sollten die Kommunen die begonnene Aufstellung von Baulückenkatalogen beschleunigen. Sie dienen als Grundlage für die Ausschreibung von Wettbewerben oder Investorenauswahlverfahren in Gebieten nach § 34 BauGB. In diesem Zusammenhang ist eine beschleunigte Klärung der Eigentumsfragen erforderlich, um die problematischen, d. h. rückübertragungsbefangenen Grundstücke von den weniger problematischen Grundstücken mit klaren Eigentumsverhältnissen zu unterscheiden. Dies erfordert in den kommunalen Grundbuch- und Rechtsämtern eine erhebliche personelle Verstärkung, die ohne finanzielle, technische und administrative Hilfe aus den alten Bundesländern vermutlich nur schwer zu bewerkstelligen sein wird.

Da der Abschluß der eingeleiteten Bebauungsplanverfahren aus arbeitsmarktpolitischen Gründen nicht in jedem Fall abgewartet werden kann, sollten zur Erhöhung der Handlungsfähigkeit und im Vorgriff auf künftige Bebauungsplan-Aufstellungsbeschlüsse solche Standorte für Gewerbe, Industrie, Handels- und Dienstleistungseinrichtungen benannt werden, die nach menschlichem Ermessen nicht im Widerspruch zu künftigen Nutzungsvorstellungen stehen. Um die bestehenden Flächenengpässe zumindest vorübergehend zu beheben, sollten auch Zwischenstandorte gefunden werden, mit denen weiterführende städtebauliche und wirtschaftspolitische Lösungen nicht verbaut werden. Hierzu zählen Bürocontainer ebenso wie die vorübergehende Nutzung von brachgefallenen Flächen und Gebäuden früherer Kombinate oder der ehemaligen NVA und der sowjetischen Streitkräfte als Zwischenstandorte für Existenzgründer und im Aufbau befindliche Betriebe. Voraussetzung für derartige Zwischenlösungen ist allerdings in zahlreichen Fällen eine Verständigung mit der Treuhandanstalt bzw. der Bundesvermögensverwaltung über die Nutzung dieser Flächen.

Zur Erhöhung ihrer Handlungsfähigkeit sollten die Kommunen versuchen, ein Arrangement mit der Treuhandanstalt im Hinblick auf die Entwicklung einer gemeinsamen Vermarktungsstrategie für Flächen der ehemaligen Kombinate, die sich in der Rechtsträgerschaft der Treuhand befinden, zu erzielen. Die Kommunen müssen bestrebt sein, ihre strukturpolitischen Überlegungen mit den Privatisierungs- und Vermarktungsgesichtspunkten der Treuhand zu verknüpfen. Die Privatisierung sollte nicht ohne strukturpolitisches Konzept erfolgen, das die lokalen Belange berücksichtigt. Dies bedeutet, daß den Städten und Gemeinden bei der Vergabe oder Nutzung von nicht betriebsnotwendigen Flächen der ehemaligen Kombinate ein Zugriffs- oder Mitspracherecht eingeräumt werden muß. Die Chancen auf eine solche Kooperation haben sich für die Kommunen der neuen Bundesländer deutlich verbessert, seitdem der Bund und die neuen Länder ein Einvernehmen darüber erzielt haben, daß die Treuhandanstalt künftig nicht mehr allein die Privatisierung der Betriebe, sondern verstärkt auch deren Sanierung im Auge haben soll[58].

Zwischen Stadtentwicklungsplanung und wirtschaftlicher Entwicklung einer Stadt besteht ein enger wechselseitiger Zusammenhang. Städtebauliche Nutzungskonzepte und Bauleitplanung setzen die Rahmendaten für Handel, Dienstleistungen und produzierendes Gewerbe. Sie eröffnen Handlungsspielräume für die Privatwirtschaft, begrenzen aber zugleich auch deren Aktivitäten. Im Rahmen der Bauleitplanung und der konkreten Standortvergabe sollten die Kommunen deshalb sowohl die wirtschaftlichen als auch die städtebaulichen Wirkungen im Auge haben. Dabei ist es wichtig, nicht nur die vordergründig ökonomischen Effekte zu sehen, sondern auch auf die längerfristigen Wirkungen abzustellen. Zwei Beispiele mögen dies belegen: Die Ansiedlung von Fachmärkten in einem Gewerbegebiet - wie dies teilweise zu beobachten ist - erhöht nicht nur die Bodenpreise in diesem Gebiet und beeinträchtigt damit die künftigen Ansiedlungsmöglichkeiten für produzierendes Gewerbe, sondern sie schafft auch die Voraussetzungen für weitere Genehmigungen solcher Vorhaben durch die Kommune. Die Neuausweisung von

---

[58] Vgl. Artikel "Mehr Einfluß der Länder auf die Treuhandanstalt". In: Frankfurter Allgemeine Zeitung vom 15.03.1991.

Gewerbeflächen "auf der grünen Wiese" ist kurzfristig zweifellos einfacher und billiger als der Versuch zur Umnutzung oder Wiedernutzung brachgefallener oder brachfallender Flächen. Längerfristig, also unter Berücksichtigung der noch zu schaffenden Infrastruktur ist eine solche Strategie aber meistens teurer als die Durchsetzung eines ohnehin notwendigen Gewerbeflächenrecyclings. Darüber hinaus ergibt sich das Problem, daß ein umfangreiches Angebot an neu erschlossenen Gewerbeflächen die Bodenpreise senkt und wegen des damit einhergehenden Wertverlustes brachgefallener Flächen bei ansonsten unveränderten Grundstückssanierungskosten deren Um- oder Wiedernutzung und damit den nötigen Strukturwandel erschwert. Andererseits erscheint es nötig, die gegenwärtig bestehende Situation am Grundstücksmarkt, die sich durch spekulative Zurückhaltung der Eigentümer und unrealistische Preisvorstellungen auszeichnet, durch die Ausweisung neuen Baurechts und damit durch eine Entknappungsstrategie aufzubrechen.

Die durchgeführten Gespräche in den Fallstudienstädten zeigten, daß in den Kommunen der neuen Bundesländer noch kein "Feeling" für ein in westdeutschen Stadtverwaltungen durchaus normales Geschäftsgebaren im Hinblick auf die Wahrnehmung von Vorkaufsrechten oder den Einsatz anderer liegenschaftspolitischer Instrumente vorhanden ist. So verzichten die Städte mangels entsprechender Haushaltmittel auf das ihnen zustehende Vorkaufsrecht offenkundig auch dann, wenn unter Zugrundelegung kaufmännischer Gesichtspunkte eine schnelle Amortisation der eingesetzten Mittel möglich erscheint. Hier ist offenkundig ein erheblicher Nachholbedarf an verwaltungstaktischen Verhaltensmustern vorhanden, der durch die Bereitstellung von Beratungsleistungen beschleunigt abgebaut werden sollte.

Neben notwendigen Sofortmaßnahmen geht es in den Kommunen der neuen Bundesländer vor allem darum, im Rahmen einer mittelfristigen Strategie ein Konzept für die künftige Stadtentwicklung zu erarbeiten, das Standorte für Arbeitsstättengebiete ebenso ausweist wie für Wohngebiete oder für großflächige Einzelhandelsbetriebe. Bestandteil eines solchen längerfristigen Nutzungskonzeptes, das die Grundlagen sowohl für die Aufstellung von Bebauungsplänen als auch für Bodenbevorratungsmaßnahmen und Infrastrukturinvestitionen ist, muß auch ein Gewerbeentwicklungskonzept sein. Da städtebauliche Anforderungen an Handel, Gewerbe und Industrie sich nur auf der Grundlage einer lokalen Bestandsaufnahme formulieren lassen, muß ein solches Gewerbeentwicklungskonzept sowohl eine Ist-Analyse der gegenwärtigen wirtschaftlichen Struktur als auch eine Vorstellung über die künftige räumliche Verteilung der gewerblichen Standorte, über die Art der gewerblichen Nutzung, über den zulässigen Störgrad usw. enthalten. Bestandteil eines solchen Entwicklungskonzeptes sind aber auch strategische Überlegungen zur künftigen Gewerbepolitik. Im Bereich von Gewerbe und Industrie betrifft dies vor allem vier Aspekte:

- die Ausweisung, die Erschließung und Aufsiedlung neuer Gewerbeflächen;
- die Ermittlung der erforderlichen innerstädtischen Betriebsverlagerungen und die Ausweisung alternativer Standorte;
- die Entwicklung von Recycling-Konzepten mit dem Ziel der Wiedernutzung brachgefallener oder künftig brachfallender Gewerbeflächen;
- die Sicherung von gewerblichen Standorten in sogenannten Gemengelagen.

Bei der Entwicklung solcher strategischen Konzepte sollten sich die kommunalen Akteure in den neuen Bundesländern bewußt sein, daß Stadtentwicklung ebenso wie Stadtentwicklungsplanung ein kontinuierlicher Prozeß ist. Wirtschaft und Gesellschaft sind einem permanenten Wandel unterworfen. Insbesondere die Wirtschaft muß sich den Herausforderungen des weltweiten Strukturwandels stellen. Dies bedeutet, daß sich auch die Standortanforderungen ändern, denen die Stadtplanung Rechnung tragen muß.

Die Erarbeitung von Handlungskonzepten und deren konkrete Umsetzung erfordert als wichtigste Sofortmaßnahme die Herstellung einer leistungsfähigen Verwaltung in den Kommunen der neuen Bundesländer. Die Städte und Gemeinden brauchen nicht nur eine ausreichende Ausstattung mit Finanzen und technischer Infrastruktur; sie brauchen vor allem auch Planungskapazität. In den neuen Bundesländern besteht ein erheblicher Bedarf an kontinuierlicher, qualifizierter Beratung. Deshalb wäre nicht nur ein verstärktes Personalleasing westdeutscher Partnerstädte, sondern auch die Bereitstellung von Planungsmitteln im Rahmen einer grundsätzlich verbesserten kommunalen Finanzausstattung zu fordern, damit die Kommunen das ihnen fehlende Know-how für die Aufstellung von Stadtentwicklungsplänen, Flächennutzungs- und Bebauungsplänen bei privaten Beratungsbüros einkaufen können. Zu begrüßen sind die Bemühungen des Bundes und der Länder, die bereitgestellten Städtebauförderungsmittel auch für Planung und Planungsberatung einzusetzen. Auch die verstärkte Bereitstellung von Leihbeamten ist für den Aufbau funktionsfähiger Verwaltungen in den neuen Bundesländern unentbehrlich. Der Prozeß des Erlernens und Erfahrens von Verwaltungshandeln kann durch westliche Berater zwar nicht ersetzt, aber erleichtert und beschleunigt werden. Solche zeitlich befristeten Hilfen hätten darüber hinaus noch den Vorteil, daß eine möglicherweise unnötige Aufblähung der

Verwaltung verhindert wird, die nach Abschluß der Konsolidierungsphase nicht mehr ohne weiteres rückgängig zu machen ist.

Insgesamt müssen die Arbeitsbedingungen in den Kommunalverwaltungen schnellstmöglich verbessert werden. Deshalb sollten Mittel sowohl für die Verbesserung der technischen Infrastruktur in den Verwaltungen als auch zur schnellen und gezielten Schulung des Verwaltungspersonals bereitgestellt werden. Zur Beschleunigung der Entscheidungsprozesse auf der politischen Ebene erscheint es nötig, auch das "politische Personal" weiter zu qualifizieren und für die neuen Fragen zu sensibilisieren. Auch hierfür sollten Mittel bereitgestellt werden, um Seminare und Schulungsveranstaltungen für Politiker - am besten vor Ort - durch einschlägige Beratungsinstitute zu ermöglichen.

Ein Kernproblem für die weitere Entwicklung der Städte und Gemeinden in den neuen Bundesländern ist letzten Endes die schnelle Klärung der offenen Vermögensfragen. Solange die Eigentumsfrage ungeklärt ist, kommen Kaufverträge nicht zustande, und auch die dingliche Sicherung von Darlehen ist nicht möglich. Dies behindert die zügige Realisierung von Investitionsvorhaben in entscheidendem Maße. Die Kommunen müssen wissen, unter welchen Voraussetzungen sie als Verfügungsberechtigte rückübertragungsbefangene Grundstücke an Investoren veräußern können. Inwieweit die im Frühjahr 1991 beschlossenen Nachbesserungen zum Gesetz über besondere Investitionsmaßnahmen die bisherigen Probleme lösen, muß abgewartet werden.

Verzeichnis der Quellen

Amt für Regionalentwicklung der Bezirksverwaltungsbehörde Schwerin in Zusammenarbeit mit Kommunen und Kreisverwaltungen: Der Bezirk Schwerin - ein attraktiver Standort für anspruchsvolle Investoren, Schwerin, im Juli 1990.

Amtliche Mitteilungen der Stadtverwaltung Schwerin, Ausgaben Nr. 3/90 vom 01.11.1990, Nr. 4/90 vom 19.12.1990.

Amtsblatt der Stadt Potsdam, Ausgaben Jahrgang 1, Nr. 1 vom 19.12.1990, Jahrgang 2, Nr. 1 vom Januar 1991.

Amtsblatt der Stadtverwaltung Dresden, Ausgabe Nr. 6 vom 27.07.1990.

Berliner Morgenpost, Ausgaben vom 10.11.1990, 27.11.1990, 30.12.1990, 27.02.1991.

Der Tagesspiegel, Ausgaben vom 16.10.1990, 23.11.1990, 25.11.1990, 14.12.1990, 20.12.1990, 21.12.1990, 03.01.1991, 18.01.1991, 25.01.1991, 05.02.1991, 08.02.1991.

Dresdner Amtsblatt, Ausgaben Nr. 13/90 vom 17.09.1990, Nr. 15/90 vom 01.10.1990, Nr. 24/90 vom 03.12.1990, Nr. 26/90 vom 17.12.1990.

Einigungsvertrag. In: Bundesgesetzblatt 1990, Teil II, S. 1 157 ff.

Expertengruppe "Standortplanung": Bericht an die Arbeitsgruppe 9 "Regionalplanung, Stadterhaltung und -entwicklung": Standortanalysen der gewerblichen Wirtschaft in Berlin und der Region Berlin vom 13.03.1990 (unveröffentlicht).

Frankfurter Allgemeine Zeitung, Ausgaben vom 16.10.1990, 15.03.1991.

Gemeinsames Statistisches Amt der Länder Brandenburg, Mecklenburg-Vorpommern, Sachsen, Sachsen-Anhalt, Thüringen (Gemeinsames Statistisches Amt in Berlin): Ergebnisse der Erfassung der Arbeitsstätten der Betriebe des Wirtschaftsbereichs Industrie (Arbeitsstättenerhebung für die Industrie), Stichtag 31.12.1987.

Gesetz über besondere Investitionen in der Deutschen Demokratischen Republik. In: Bundesgesetzblatt 1990, Teil II, S. 1 157 ff.

Gesetz zur Regelung offener Vermögensfragen. In: Bundesgesetzblatt 1990, Teil II, S. 1 159 ff.

Grundsätze für die Anwendung des Gesetzes über besondere Investitionen für den Ostteil Berlins. In: Pressedient Berlin, Ausgabe vom 06.12.1990.

Handelsblatt, Ausgabe vom 08.11.1990.

Helms, Thomas, Margot Krempien und Helmuth Schultz: Schwerin. Stadt zwischen Seen und Wäldern, Bremen 1990.

Magistrat der Stadt Potsdam, Dezernat für Bau und Wohnen: Vorlage zur Beschlußfassung durch die Stadtverordnetenversammlung: "Beschluß über die Durchführung vorbereitender Untersuchungen zur Festlegung von Sanierungsgebieten" vom 12.09.1990 (unveröffentlicht).

Provisorischer Regionalausschuß: Beschluß Nr. 41/90 vom 26.04.1990.

Provisorischer Regionalausschuß, Planungsgruppe Potsdam: Grundlagen und Zielvorstellungen für die Entwicklung der Region Berlin. 1. Bericht, 5/90.

Sächsische Zeitung, Ausgaben vom 05.12.1990,
14.12.1990,
15./16.12.1990,
26./27.01.1991,
15.02.1991,
01.03.1991.

Staatliche Zentralverwaltung für Statistik (Hrsg.): Statistisches Jahrbuch 1989 der Deutschen Demokratischen Republik, Berlin 1989.

Stadtverordnetenversammlung Brandenburg: Beschlüsse vom 30.05.1990 (unveröffentlicht), 08.08.1990 (unveröffentlicht).

Stadtverwaltung Brandenburg (Hrsg.): Brandenburg, die tausendjährige Stadt in der Mark, Brandenburg 1990.

Vereinigung der Unternehmensverbände in Berlin und Brandenburg e. V.: Vorschläge der Unternehmensverbände zur Regionalförderung in Berlin, Presseerklärung vom 07.02.1991.

Anhang 1

Tabellen

Tabelle A 1

Anteile der Wohnbevölkerung nach erwerbstätigkeitsrelevantem Alter in ausgewählten Städten und Regionen Ostdeutschlands am 31.12.1989

Ehemalige DDR Land Bezirk Kreis Gemeinde	im Erwerbsalter[1]	im Alter, in dem allgemein keine Erwerbstätigkeit ausgeübt wird		Insgesamt
		Kindesalter[2]	Rentenalter[3]	
Ehemalige DDR	64,8	19,0	16,2	100,0
Land Sachsen	63,5	18,0	18,5	100,0
Bezirk Dresden	62,9	18,8	18,3	100,0
Stadtkreis Dresden	63,7	18,5	17,8	100,0
Stadt Riesa	66,7	18,0	15,2	100,0
Land Brandenburg	65,5	19,9	14,6	100,0
Bezirk Potsdam	65,6	19,5	14,9	100,0
Stadtkreis Potsdam	66,5	20,2	13,3	100,0
Stadtkreis Brandenburg/H.	66,7	18,6	14,8	100,0
Land Mecklenburg-Vorp.	65,4	21,4	13,2	100,0
Bezirk Schwerin	64,4	21,2	14,4	100,0
Stadtkreis Schwerin	66,0	22,0	12,0	100,0
Stadt Parchim	66,0	20,9	13,0	100,0

1) Männer 15 bis unter 65 Jahre, Frauen 15 bis unter 60 Jahre zuzüglich 5/12 des Altersjahrgangs 14 bis unter 15 Jahre. - 2) Unter 14 Jahre zuzüglich 7/12 des Altersjahrgangs 14 bis unter 15 Jahre. - 3) Männer 65 Jahre und älter, Frauen 60 Jahre und älter.

Quelle: Berechnet nach Angaben des Gemeinsamen Statistischen Amtes in Berlin.

Tabelle A 2

Berufstätige (ohne Lehrlinge) nach Wirtschaftsbereichen in ausgewählten Städten und Regionen Ostdeutschlands am 30. 9. 1989

Bereich	Ehemalige DDR	Land Sachsen	Bezirk Dresden	Stadtkr. Dresden	Land Brandenburg	Bezirk Potsdam	Stadtkr. Potsdam	Stadtkr. Brandenburg/H.	Land Mecklenb.-Vorpommern	Bezirk Schwerin	Stadtkr. Schwerin
Produzierende Bereiche	6703900	2066500	718363	209249	1040700	428847	51929	42365	755200	228144	51730
Industrie	3186800	1129400	383964	100358	440700	168914	10756	19587	231500	70868	20078
Prod. Handwerk (ohne Bauhandw.)	266600	104800	35161	8858	38200	18790	2379	1432	21700	8653	1608
Bauwirtschaft	559900	155300	51681	17480	91700	38984	11561	7347	74200	20192	7462
Land- u. Forstwirtschaft	923500	186000	72998	5304	202300	89635	450	455	194500	65012	496
Verkehr, Post- u. Fernmeldewesen	639100	165200	60078	26397	105700	41338	8059	7220	96200	26085	8802
Handel	876800	245500	85492	30563	128600	55046	9842	5395	110900	31125	9515
Sonstige Zweige des produz. Bereichs	251200	80300	28989	20289	33500	16140	8882	929	26200	6209	3769
Nichtproduzierende Bereiche	1843430	499900	180770	67189	280600	119833	23382	10701	237100	65765	20444
Wohnungs- u. Kommunalwirtschaft, Geld- u. Kreditw.	301464	.	26999	9778	.	17920	3672	1965	.	9761	3449
Wissenschaft, Bildung, Kultur. u. soziale Ber.	1337724	.	135765	51257	.	88936	16891	8190	.	47839	14276
Staatl. Verwalt., Gesellschaftl. Organisationen	204242	.	18006	6154	.	12977	2819	546	.	8165	2719
Volkswirtschaft insgesamt	8547330	2566400	899133	276438	1321300	548680	75311	53066	992300	293909	72174

Quelle: Gemeinsames Statistisches Amt in Berlin.

Tabelle A 3

Struktur der Berufstätigen (ohne Lehrlinge) nach Wirtschaftsbereichen in ausgewählten Städten und Regionen Ostdeutschlands am 30. 9. 1989

Bereich	Ehemalige DDR	Land Sachsen	Bezirk Dresden	Stadtkr. Dresden	Land Brandenburg	Bezirk Potsdam	Stadtkr. Potsdam	Stadtkr. Brandenburg/H.	Land Mecklenb.-Vorpommern	Bezirk Schwerin	Stadtkr. Schwerin
Produzierende Bereiche	78.4	80.5	79.9	75.7	78.8	78.2	69.0	79.8	76.1	77.6	71.7
Industrie	37.3	44.0	42.7	36.3	33.4	30.8	14.3	36.9	23.3	24.1	27.8
Prod. Handwerk (ohne Bauhandw.)	3.1	4.1	3.9	3.2	2.9	3.4	3.2	2.7	2.2	2.9	2.2
Bauwirtschaft	6.6	6.1	5.7	6.3	6.9	7.1	15.4	13.8	7.5	6.9	10.3
Land- u. Forstwirtschaft	10.8	7.2	8.1	1.9	15.3	16.3	0.6	0.9	19.6	22.1	0.7
Verkehr, Post- u. Fernmeldewesen	7.5	6.4	6.7	9.5	8.0	7.5	10.7	13.6	9.7	8.9	12.2
Handel	10.3	9.6	9.5	11.1	9.7	10.0	13.1	10.2	11.2	10.6	13.2
Sonstige Zweige des produz. Bereichs	2.9	3.1	3.2	7.3	2.5	2.9	11.8	1.8	2.6	2.1	5.2
Nichtproduzierende Bereiche	21.6	19.5	20.1	24.3	21.2	21.8	31.0	20.2	23.9	22.4	28.3
Wohnungs- u. Kommunalwirtschaft, Geld- u. Kreditw.	3.5	.	3.0	3.5	.	3.3	4.9	3.7	.	3.3	4.8
Wissenschaft, Bildung, Kultur. u. soziale Ber.	15.7	.	15.1	18.5	.	16.2	22.4	15.4	.	16.3	19.8
Staatl. Verwalt., Gesellschaftl. Organisationen	2.4	.	2.0	2.2	.	2.4	3.7	1.0	.	2.8	3.8
Volkswirtschaft insgesamt	100.0	100.0	100.0	100.0	100.0	100.0	100.0	100.0	100.0	100.0	100.0

Quelle: Gemeinsames Statistisches Amt in Berlin.

Tabelle A 4

Struktur der Beschäftigten nach Qualifikationsstufen in der volkseigenen und genossenschaftlichen Wirtschaft (ohne Produktionsgenossenschaften des Handwerks) in ausgewählten Städten und Regionen Ostdeutschlands Ende Oktober 1989

Männer und Frauen zusammen   - in v.H. -

Ehemalige DDR Land Bezirk Kreis Gemeinde	Hochsch.-abschl.	Fachsch.-abschl.	Meister-abschl.	Facharb.-abschl.	Teilausbildung	ohne abgeschlossene Berufsausbildung	Insgesamt
Ehemalige DDR	8.1	14.1	4.2	60.6	3.3	9.7	100
Land Sachsen	7.8	13.2	4.1	61.5	3.4	10.1	100
Bezirk Dresden	8.4	13.8	4.0	59.8	3.2	10.7	100
Stadtkreis Dresden	12.0	14.4	3.5	57.8	2.4	9.9	100
Stadt Riesa	.	.	.	.	.	.	.
Land Brandenburg	7.1	14.3	4.6	60.8	3.5	9.6	100
Bezirk Potsdam	7.5	14.3	4.2	60.2	3.6	10.1	100
Stadtkreis Potsdam	10.4	14.9	4.1	58.6	2.7	9.3	100
Stadtkreis Brandenburg/H.	6.5	14.9	4.3	58.8	4.1	11.3	100
Land Mecklenburg-Vorp.	7.7	14.7	4.7	60.4	3.2	9.2	100
Bezirk Schwerin	6.9	14.6	4.8	61.0	3.2	9.5	100
Stadtkreis Schwerin	9.0	17.1	4.6	57.3	2.6	9.5	100
Stadt Parchim	.	.	.	.	.	.	.

Quelle: Berechnet nach Angaben des Gemeinsamen Statistischen Amtes in Berlin.

Tabelle A 5

Struktur der Beschäftigten nach Qualifikationsstufen in der volkseigenen und genossenschaftlichen Wirtschaft (ohne Produktionsgenossenschaften des Handwerks) in ausgewählten Städten und Regionen Ostdeutschlands Ende Oktober 1989

Männer   - in v.H. -

Ehemalige DDR Land Bezirk Kreis Gemeinde	Hochsch.-abschl.	Fachsch.-abschl.	Meister-abschl.	Facharb.-abschl.	Teilaus-bildung	ohne abge-schlossene Berufsaus-bildung	Insgesamt
Ehemalige DDR	9.6	9.9	7.0	62.7	3.8	7.1	100
Land Sachsen	9.6	9.8	6.8	62.5	3.8	7.5	100
Bezirk Dresden	10.4	10.3	6.8	61.1	3.6	7.8	100
Stadtkreis Dresden	14.7	11.3	5.8	58.6	2.6	7.0	100
Stadt Riesa	.	.	.	.	.	.	.
Land Brandenburg	8.0	9.5	7.8	63.2	4.1	7.3	100
Bezirk Potsdam	8.4	9.8	7.2	62.4	4.3	8.0	100
Stadtkreis Potsdam	11.3	10.4	6.9	60.5	3.2	7.7	100
Stadtkreis Brandenburg/H.	7.2	9.6	7.7	61.1	4.9	9.6	100
Land Mecklenburg-Vorp.	8.4	9.1	8.0	64.0	3.8	6.6	100
Bezirk Schwerin	7.6	9.1	8.2	64.0	3.9	7.2	100
Stadtkreis Schwerin	9.9	11.2	7.9	60.2	3.2	7.6	100
Stadt Parchim	.	.	.	.	.	.	.

Quelle: Berechnet nach Angaben des Gemeinsamen Statistischen Amtes in Berlin.

Tabelle A 6

Struktur der Beschäftigten nach Qualifikationsstufen in der volkseigenen und genossenschaftlichen Wirtschaft (ohne Produktionsgenossenschaften des Handwerks) in ausgewählten Städten und Regionen Ostdeutschlands Ende Oktober 1989

Frauen — in v.H. —

Ehemalige DDR Land Bezirk Kreis Gemeinde	Hochsch.-abschl.	Fachsch.-abschl.	Meister-abschl.	Facharb.-abschl.	Teilausbildung	ohne abgeschlossene Berufsausbildung	Insgesamt
Ehemalige DDR	6.7	18.5	1.2	58.5	2.9	12.3	100
Land Sachsen	6.0	16.7	1.3	60.4	2.9	12.7	100
Bezirk Dresden	6.3	17.4	1.1	58.5	2.8	13.8	100
Stadtkreis Dresden	8.9	17.9	0.8	57.0	2.2	13.2	100
Stadt Riesa	.	.	.	.	.	.	.
Land Brandenburg	6.2	19.4	1.3	58.2	2.9	12.1	100
Bezirk Potsdam	6.6	19.0	1.2	57.9	2.9	12.4	100
Stadtkreis Potsdam	9.4	19.9	1.0	56.5	2.1	11.1	100
Stadtkreis Brandenburg/H.	5.8	20.3	1.0	56.6	3.2	13.0	100
Land Mecklenburg-Vorp.	6.9	20.8	1.2	56.5	2.5	12.1	100
Bezirk Schwerin	6.2	20.5	1.2	57.7	2.4	12.0	100
Stadtkreis Schwerin	8.0	23.3	1.0	54.2	1.9	11.6	100
Stadt Parchim	.	.	.	.	.	.	.

Quelle: Berechnet nach Angaben des Gemeinsamen Statistischen Amtes in Berlin.

Tabelle A 7

Zahl der Wohnungen, ihre Ausstattungsstruktur sowie Wohnfläche und Wohnräume je Einwohner in ausgewählten Städten und Regionen Ostdeutschlands im Jahre 1989

| Ehemalige DDR Land Bezirk Kreis Gemeinde | Zahl der Wohnungen | davon in vH | | | Wohn- flächen je Ein- wohner in qm | Wohn- räume je 100 Ein- wohner |
		mit Bad/ Dusche	Innen- WC	moderne Heizungs- art		
Ehemalige DDR	7 002 539	82	76	47	27,6	123
Land Sachsen	.	.	.	.	.	.
Bezirk Dresden	758 897	73	59	34	28,0	126
Stadtkreis Dresden	239 470	79	77	48	29,0	126
Stadt Riesa	.	.	.	.	.	.
Land Brandenburg	.	.	.	.	.	.
Bezirk Potsdam	458 994	82	82	47	27,4	120
Stadtkreis Potsdam	62 440	87	88	66	27,8	117
Stadtkreis Brandenburg/H.	41 000	84	85	55	26,0	116
Land Mecklenburg-Vorp.	.	.	.	.	.	.
Bezirk Schwerin	230 776	82	81	47	25,8	117
Stadtkreis Schwerin	52 229	86	83	69	23,6	109
Stadt Parchim	.	.	.	.	.	.

Quelle: Gemeinsames Statistisches Amt in Berlin.

Tabelle A 8   **Bildungseinrichtungen in ausgewählten Städten und Regionen Ostdeutschlands im Jahre 1989**

Land Bezirk Kreis Gemeinde	Hochschulen[1]			Fachschulen[1]			Erweiterte Oberschulen[2]	
	Anzahl	Studenten[3] insgesamt	darunter: Direkt- studenten	Anzahl	Studenten[3] insgesamt	darunter: Direkt- studenten	Anzahl	Schüler
Land Sachsen	22	53 580	46 348	70	56 803	27 054	66	12 010
Bezirk Dresden	8	22 104	18 659	24	23 882	11 158	21	4 284
Stadtkreis Dresden	6	20 506	17 442	10	12 752	5 717	6	1 475
Stadt Riesa	-			1	1 212	481	1	182
Land Brandenburg	4	5 787	4 104	32	19 298	12 004	34	5 951
Bezirk Potsdam	3	4 303	2 620	15	9 415	5 106	13	2 498
Stadtkreis Potsdam	3	4 303	2 620	5	3 969	1 892	2	436
Stadtkreis Brandenburg/H.	-			1	706	527	1	195
Land Mecklenburg-Vorp.	6	12 499	11 645	23	12 226	9 155	25	4 669
Bezirk Schwerin	1	959	959	7	4 618	2 931	6	1 412
Stadtkreis Schwerin	-			4	2 935	2 013	1	359
Stadt Parchim	-			-			1	93

1) November 1989. - 2) September 1989. - 3) Ohne ausländische Studenten.
Quelle: Gemeinsames Statistisches Amt in Berlin.

Tabelle A 9

**Ergebnisse der Kommunalwahlen am 06. Mai 1990[1]) sowie der Landtagswahlen am 14. Oktober 1990[2])
in ausgewählten Städten und Regionen Ostdeutschlands**

Land Bezirk Kreis Gemeinde	Bündnis 90[8])	BFD/ FDP[3])	CDU[4])	DSU	Grüne[5])	Neues Forum[6])	PDS[7])	SPD[8])	Bürger- vereini- gungen	Sonstige	Insgesamt
Land Sachsen	-	5,3	53,8	3,6	-	5,6	10,2	19,1	-	2,5	100,0
Bezirk Dresden	2,3	7,4	41,8	8,9	2,0	3,0	12,5	9,1	2,7	10,2	100,0
Stadtkreis Dresden	7,6	5,5	39,3	8,5	4,3	-	15,3	9,6	6,6	3,4	100,0
Stadt Riesa	-	5,9	33,5	4,3	5,5	3,7	18,1	15,9	7,8	5,2	100,0
Land Brandenburg	6,4	6,6	29,4	1,0	2,8	-	13,4	38,3	-	2,0	100,0
Bezirk Potsdam	-	6,1	25,3	1,0	0,9	6,3	15,7	33,4	0,9	10,5	100,0
Stadtkreis Potsdam	-	3,0	16,6	1,4	-	16,3	26,5	32,0	0,5	3,7	100,0
Stadtkreis Brandenburg/H.	-	3,6	27,6	1,8	-	8,0	15,4	40,5	-	3,1	100,0
Land Mecklenburg-Vorp.	2,2	5,5	38,3	0,8	4,2	2,9	15,7	27,0	-	3,4	100,0
Bezirk Schwerin	1,1	7,4	28,8	1,0	2,0	5,8	16,8	21,2	0,8	15,2	100,0
Stadtkreis Schwerin	-	5,6	23,9	1,0	4,9	9,8	22,9	26,3	-	5,6	100,0
Stadt Parchim	-	7,0	31,8	-	-	10,4	13,9	26,9	0,5	9,5	100,0

1) Bezirke, Stadtkreise, Städte; ohne 5 vH-Klausel. - 2) Bundesländer; es galt die 5 vH-Klausel. - 3) In den Stadtkreisen Dresden und Brandenburg sowie in den drei Bezirken zusammen mit FDP, Landtagswahlen nur FDP - 4) Im Stadtkreis Dresden vollständig sowie in den drei Bezirken teilweise in Listenverbindung mit anderen Parteien u. ä. - 5) Im Land Sachsen in Verbindung mit Bündnis 90/Grüne. - 6) Im Stadtkreis Potsdam in Listenverbindung mit ARGUS, im Stadtkreis Brandenburg in Listenverbindung mit Grüne Partei, in den Bezirken Dresden und Potsdam teilweise in Listenverbindungen mit Grüne Partei und ARGUS. - 7) Im Stadtkreis Dresden vollständig sowie in den Bezirken Dresden und Potsdam teilweise in Listenverbindung mit anderen Parteien u. ä., bei den Landtagswahlen in Verbindung mit Linke Liste/PDS. - 8) In den drei Bezirken teilweise in Listenverbindung mit anderen Parteien u. ä.

Quellen: Gemeinsames Statistisches Amt in Berlin; Tagesspiegel vom 16.10.1990; Frankfurter Allgemeine Zeitung vom 16.10.1990.

Anhang 2

Erhebungsmerkmale für ein
Gewerbeflächenkataster

Erhebungsmerkmale für ein Gewerbeflächenkataster

(möglichst zu erheben für jedes zusammenhängende Gewerbegebiet bzw. für Einzelflächen)

1. **Flächengröße**

2. **Eigentümer**
   - kommunale Flächen
   - private Flächen

3. **Lage im Gemeindegebiet**
   - Verkehrsanbindung
     . Entfernung Autobahn/übergeordnete Hauptverkehrsstraße
     . Entfernung Flughafen
     . Entfernung zu U-/S-Bahn, Buslinien
     . Entfernung Wasserstraße
     . Gleisanschluß vorhanden/möglich?
   - Umfeld
     . besondere Lage- und Standortqualitäten (Landschaft, Wasser, Panorama)
     . betriebliches Umfeld
     . Entfernung zum nächsten Wohngebiet

4. **Bauleitplanung**
   - Verfahrensstand
   - planerische Festsetzungen (Art und Maß der Nutzung)
   - Bebaubarkeit nach § 29 ff (insbes. § 34) BauGB

5. **Bisherige Flächenfunktion**
   - bisherige Nutzung
   - Konflikte zwischen bisheriger und neuer/geplanter Nutzung (Erholung, Landwirtschaft, ökologischer Funktionsraum)

6. **Erschließung**
   - Strom, Gas, Trinkwasser, Fernwärme
   - Hausmüll, Sondermüll
   - Abwasser, Kanalisation
   - Innere Erschließung vorhanden?
   - Beschränkungen in der äußeren Erschließung?

7. **Nutzungsbeschränkungen**
   - Auflagen/Einschränkungen (Vorrang-, Schutzgebiete; Abstandsforderungen)
   - Entfernung zu anderen (empfindlichen) Nutzungen: Wohngebiet, Infrastruktureinrichtungen, Erholungsflächen
   - Flächenneigung, Grundwasserstand, Baugrund
   - Altlasten(verdacht)

8. **Verfügbarkeit**
   - sofort (erschlossen und baureif)
   - kurzfristig (2 Jahre)
   - mittelfristig (3 - 5 Jahre)
   - Optionsflächen (bereits reserviert)

9. **Grundstückspreis**
   - Durchschnittspreis mit/ohne Erschließung
   - Erbbauzins

Anhang 3

Fragebogen
zu Investitionen westdeutscher Investoren
in ostdeutschen Bundesländern

1. Angaben zu Ihnen als Investor

1.1 Repräsentieren Sie eine Firma oder eine Privatperson?

    O Firma   → *weiter mit Frage 1.2*
    O Privatperson → *weiter mit Frage 1.4*

1.2 Firmenangaben:

_____
(Name der Firma)

_____
(Anschrift *Stammsitz*)

_____
(Ansprechpartner)

_____
(Telefonnummer)

_____
(Branche)

_____
(Rechtsform der Firma)

_____
(Zahl der Mitarbeiter)

1.3 Falls vorhanden: Anschrift und Telefonnummer Ihrer Niederlassung in Berlin (West)

_____
(Ihr Name)

_____
(Anschrift)

_____
(Telefonnummer)

1.4 Angaben, falls Privatperson:

_____
(Ihr Name)

_____
(Ihre Anschrift)

_____
(Telefonnummer)

2. Angaben zum Vorhaben

2.1 Bitte beschreiben Sie das Vorhaben möglichst genau:

_____

_____

_____

_____

_____

2.2 Welche Leistungserstellung ist das Ziel der Investition? (Mehrfachangaben möglich):

Produktion   O   Wenn angekreuzt, bitte Warenart, ggf. Schwerpunkt der Produktion bzw. Branche angeben:

_____

Handel   O   Wenn angekreuzt, bitte Branche angeben:

_____

Bankdienste   O

andere Dienstleistungen   O   (Bitte genau beschreiben)

_____

_____

2.3 Wie hoch veranschlagen Sie das Investitionsvolumen

☐☐☐☐☐☐

(in 1 000 DM)

2.4 Wieviele Arbeitsplätze werden durch die Investition voraussichtlich geschaffen?

☐☐☐☐☐☐

(Anzahl)

2.5 Handelt es sich bei dem geplanten Vorhaben um eine neue Firmengründung, um einen Zweigbetrieb, um die Verlagerung einer bestehenden Firma oder um die Zusammenarbeit mit einer in der Stadt bereits ansässigen Firma (joint venture)?

○ Neugründung

○ Zweigbetrieb einer bereits bestehenden Firma

○ Verlagerung einer bestehenden Firma

○ Kooperation mit einer in der Stadt bereits ansässigen Firma (joint venture)

2.6 Wann ist der voraussichtliche Baubeginn bzw. der Beginn der Durchführung der Investition?

☐☐   ☐☐
Monat   Jahr

3. Angaben zum Standort

3.1 Wie groß sollte das Grundstück sein?

m² ☐☐☐☐☐☐

3.2 Wie groß sollte (oder ist) der Anteil der bebauten oder zu bebauenden Flächen in Prozent der Gesamtfläche?

Prozent ☐☐

3.3 Wie groß ist die geplante oder gewünschte Bruttogeschoßfläche?

m² ☐☐☐☐☐☐

3.4 Wird ein Flachbau oder ein Geschoßbau gewünscht?

○ Flachbau (1 Geschoß)

○ Geschoßbau (mehrere Etagen)

○ Geschoßzahl ist gleichgültig

3.5 Welches nach der Baunutzungsverordnung definierte Gebiet wünschen Sie für Ihre Investition?

○ Kerngebiet (MK): Vorwiegend Handelsbetriebe sowie zentrale Einrichtungen von Wirtschaft und Verwaltung.

○ Industriegebiet (GI): Ausschließlich Gewerbebetriebe, vorwiegend solcher, die in anderen Baugebieten unzulässig sind.

○ Gewerbegebiet (GE): Vorwiegend nicht erheblich belästigende Gewerbebetriebe.

○ Mischgebiet (MI): Wohnungen und Gewerbebetriebe, die das Wohnen nicht wesentlich stören.

○ Sondergebiet (SO): Dazu gehören z. B. Kerngebiete, Ladengebiete, Gebiete für Einkaufszentren und großflächige Handelsbetriebe, Gebiete für Messen, Ausstellungen und Kongresse, Hochschulgebiete, Klinikgebiete, Hafengebiete.

3.6 Möchten Sie neu bauen oder kommt auch die Nutzung vorhandener Gebäude in Betracht?

○ neu bauen

○ Nutzung vorhandener Gebäude

○ beides

Falls eine Nutzung vorhandener Gebäude in Betracht kommt:
Welche Anforderungen werden an Geschoßhöhe und Deckenbelastung gestellt?

Geschoßhöhe in cm ☐☐☐

Deckenbelastung in kg/m² ☐☐☐☐

3.7 Welche Art des Grundstückserwerbs kommt grundsätzlich für Sie in Frage?
(Mehrfachnennungen möglich)

○ Kauf

○ Erbpacht

○ Pacht

○ Miete

und welches davon möchten Sie am liebsten?
(bitte nur eine Antwort)

○ Kauf

○ Erbpacht

○ Pacht

○ Miete

3.8 Welches sind Ihre Anforderungen an die Ver- und Entsorgung?

	sehr wichtig	wichtig	weniger wichtig
Elektroenergie	○	○	○
Wärmeenergie	○	○	○
Gas	○	○	○
Betriebswasser	○	○	○
Trinkwasser	○	○	○
Abwasser	○	○	○
Telekommunikation	○	○	○

3.9 Ist das Investitionsvorhaben genehmigungspflichtig nach dem Bundesimmissionsschutzgesetz?

○ ja

○ nein

○ wird noch geprüft

3.10 Welche Verkehrsanbindung ist für Sie erforderlich bzw. wünschenswert?

	erforderlich	wünschenswert	nicht nötig
Flughafennähe	○	○	○
Autobahnnähe	○	○	○
Gleisanschluß	○	○	○
Hafenanschluß	○	○	○

3.11 Stellen Sie aus <u>geschäftlicher</u> Sicht besondere Anforderungen an das Umfeld des Standortes? (z. B. Nähe zu Wohngebieten, Einzugsbereich des öffentlichen Personennahverkehrs, Nähe von Zulieferbetrieben, Kundenlaufgegend, Nähe von Mitbewerbern, Ferne von Mitarbeitern).
Bitte geben Sie stichwortartig diese besonderen Anforderungen an:

_____

_____

_____

_____

3.12 Stellen Sie aus <u>privater</u> Sicht besondere Anforderungen an das Umfeld des Standorts? (z. B. Bildungseinrichtungen, kulturelle Einrichtungen, Attraktivität der Wohnumgebung, Freizeitangebot, Umweltqualität).
Bitte geben Sie stichwortartig diese besonderen Anforderunge an:

_____

_____

_____

_____

3.13 Welche Faktoren machen Ihnen bei dem/den in Aussicht genommenen Standort(en) die meisten Schwierigkeiten? (z. B. Eigentumsfragen, Arbeitskräfteangebot, Genehmigungsverfahren oder Genehmigungsvorschriften u.ä.).
Bitte geben Sie stichwortartig die wichtigsten Schwierigkeiten an.

_____

_____

_____

_____

3.14 In welchem Stadium der Konkretisierung des Investitionsvorhabens befinden Sie sich?

○ erste Recherchen

○ Verhandlungen

○ konkrete Planungen laufen

○ sonstiges (bitte angeben)

_____

_____